빛이시라 그분은

별이시라 그분은

이용자 시집

동행

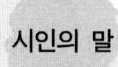

시인의 말

살다가 어두워서 길을 잃을 때
분별하는 지혜를 잃지 않도록
신실한 마음으로
주님을 바라보게 하소서

살다가 막다른 골목에서 오가도 못할 때
돌아서 가는 길을 밝히시고
신실한 마음으로
주님 가신 길을 기억하게 하소서

살다가 일상이 거센 파도에 휘말릴 때
떠밀리는 썰물처럼 가장자리에서 서성일 때
신실한 마음으로
주님 잡은 손 놓지 않게 하소서

살다가 내 인생의 끝자락에서 깔끔하고 깨끗하게
신앙의 매듭을 지을 수 있도록
신실한 마음으로
종국에 하나님께 영광이 되게 하소서!

            2016 가을 인왕산 바라보이는 뜰에서
                      지당(智堂) **이용자**

시집 출판에 부쳐

시는 아름다움의 산물이다

우초 김만우 | 목사

　보이는 것이 아름답고, 보는 이의 마음이 아름답고, 보는 눈이 아름다움을, 마음에 전달하는 대로 느끼는 마음이 아름다워야 보이는 것이 듣고 싶은 아름다운 노래가 된다.
　인생의 시련기에 다가와서 아픈 마음을 어루만져 주시던 주님을 평생 가슴에 안고 섬기며 사랑하며 그분의 언행 심사를 닮아가려고 무진 애를 쓰며 만나는 사람들에게 그분을 자랑하며 살아온 선한 은혜의 세월이 억울하지 않게 그의 가슴에 장미꽃 이파리에 맺혔던 이슬방울이 아침 햇살 받아 타 내리듯 술술 흘러내린 운율이 가닥을 잡아 빛을 보게 되니 눈부시다.

　사랑의 목자님은 기쁠 때나 슬플 때나 노래 부르게 하시는 분이다. 그리고 그 노래에 귀를 기울이시고 즐기시는 분이다. 그리움의 언덕 너머 시와 찬미와 신령한 노래가 있는 초원을 찾아오시는 분이시다. 그의 따스한 사랑의 눈

빛이 눈물 골짜기에 선 가냘픈 영혼에 머물고 가면 찬란한 무지개가 돋는다.

　이용자 전도사님의 시는 비온 뒤 무지개를 바라보고 섰는 순례자의 마음에서 우러나온 것 같다. 흐르는 세월 속에 정지된 시간을 살아가는 듯한 경건한 관조의 세계가 거기 있다. 사랑의 목자님을 만난 자만이 부를 수 있는 구도자의 기도 소리 같다.
　깊은 신심에서 개울물처럼 졸졸 흘러나오는 그의 읊조림은 위에 계신 분에게는 찬양이 되고, 아래에 있는 이들에게는 영원을 사모케 할 것이다. 피조세계의 아름다운 조화와 색감을 보고 느끼게 하는 기회가 될 것이다.
　그의 마음에 소리들이 들리게 하시고, 그 소리들이 그의 손에서 문자화되게 하시고 마침내 글자들이 모이고 흩어져 아름다운 시를 엮어가게 하신 하나님께 찬양을 드린다.
　한번 부르기 시작한 노래의 옹달샘이 마르지 않고 계속 흘러 넘쳐서 가뭄에 시들은 초목들을 촉촉이 적셔 소생케 하리라 믿는다.

　언젠가 낙원에 이르러 영광스런 하늘 보좌 앞에서 천만 성도들에게 낭송할 날 있으리라.
　시집 출판을 진심으로 축하한다.

◆ CONTENTS ◆

- 시인의 말 _ 5
- 시집 출판에 부쳐 – 시는 아름다움의 산물이다 / 김만우 _ 5

 빛이시라 그분은

빛이시라 그분은! _ 16
그분의 빛이라 _ 18
찬란한 우주의 빛처럼 _ 19
조용히 금빛 날개를 펴며 _ 20
사랑은… _ 21
지존하신 하나님만이 아신다 _ 22
엘 올람 _ 24
내 생애의 비상을 _ 25
인생에게 엄위하신 하나님 _ 26
찬란한 아침이 오면 _ 28
약속하여 주소서, 주님 _ 29
이른 봄빛이 _ 30
지혜로운 청지기 _ 31
밝고 맑은 생명의 노래 _ 32
창조자의 권한에 맡기는 것이다 _ 33
세상 어느 곳에도 _ 34

◆ CONTENTS ◆

2 주님 십자가의 사랑

고난의 십자가를 지시기 위해 __ 36
십자가에 달려 굽어보시는 주님 __ 38
사순절 기간 __ 39
주님의 형상을 닮게 하소서 __ 40
인생의 지평선을 믿음으로 __ 42
주님, 이 땅 고쳐주소서 __ 43
질서의 회복이 __ 44
참 도를 따르라 __ 46
화목의 제물로 쓰임 받기를 __ 47
평화의 종소리 __ 48
평생의 꿈이어라 __ 49
주님, 용서하여 주옵소서 __ 50
주님을 기억하게 하소서 __ 52
내세의 소망을 주시려고 __ 53
참 놀라우신 주님의 은혜 __ 54
주님이 많이 기뻐하실 것이다 __ 55
선을 향하여 달리다가 __ 56

◆ CONTENTS ◆

 부활의 영광
부활의 먼동이 떠 오는 것을 _ 60
죽음을 이기신 부활의 주님 _ 62
여명 _ 63
영원 너머로의 세계 _ 64
일어나 함께 가자 _ 65
영원을 사모하는 기쁨 _ 66
역사의 주인되시는 하나님 _ 68
고뇌를 은혜로 _ 70
한 해가 저물어 가기 전에 _ 72
영원한 부활의 나라로 _ 74
잿빛에서 초록빛으로 탈출 _ 75
죽음에서 부활의 역사를 _ 76
내가 사는 날 동안 _ 78
꿈 _ 80
영원한 집에서 _ 81
내세의 삶의 소리로 _ 82
그 나라에 임하게 하소서 _ 83

◆ CONTENTS ◆

 은혜와 감사의 기도

추수감사절 __ 86
주님 지혜의 문을 열어주소서 __ 88
새벽을 깨운다 __ 90
감사하라 __ 91
성탄절 찬양 __ 92
인내를 주옵소서, 주님 __ 93
깊은 산곡에서 __ 94
비 오는 날 새벽 __ 96
질서 __ 97
생각 __ 98
새해 동트는 아침 __ 100
기다림에 익숙하려고 __ 101
밝고 맑은 영혼의 문을 열면 __ 102
거룩한 동산 __ 104
손 높이 들고 __ 106
나의 부르짖음 __ 108
기도 __ 110
새벽 하늘 __ 111

◆ CONTENTS ◆

 계절의 찬양

계절이 지나가는 길은 ＿ 114
진달래 피어나는 ＿ 116
오월의 수목원 ＿ 117
목마르지 않는 생수 ＿ 118
아카시아 필 무렵 ＿ 119
목화 ＿ 120
장마 ＿ 122
자연의 숨소리 ＿ 123
가을 ＿ 124
질서의 회복이 이루어졌으면 ＿ 126
갈대 섭다리 ＿ 127
쪽빛 하늘 ＿ 128
가을이 오면 ＿ 129
무제 ＿ 130
하늘보다 높은 곳에 띄우라 ＿ 131
남산 ＿ 132
대자연 숲의 질서 ＿ 134

♦ CONTENTS ♦

 광야의 나그네
세상은 광야(廣野)다 __ 136
나그네 길에서 __ 137
빈 들 __ 138
세상 탐욕을 버려라 __ 140
숲속의 빈터 __ 142
나눔 __ 143
산 위의 사람들 __ 144
겸손히 당당하라 __ 146
산울림 __ 147
사랑이여 내게 오라 __ 148
갈등 __ 149
인생은 나그네 __ 150
함께 가는 세월의 길동무가 __ 151
우리의 선조들께서는 __ 152
나의 전부이신 주님 __ 154
우리의 조국 __ 155
밀물처럼 밀려오는 __ 156
주여 이 나라를 긍휼이 여기소서 __ 158

◆ CONTENTS ◆

 소망의 나라에 이르리라

하얀 마음을 주신 분께 감사하라 __ 160
소망의 나라로 돌아가리라 __ 162
소망의 빛 __ 163
인생의 종국이 오면 __ 164
영원한 손짓이 날 부른다 __ 165
소망 중에 기다림 __ 166
소망의 항구 __ 167
하얀 꿈의 그리움 __ 168
영혼의 노래 __ 169
새날의 아침이 밝아오다 __ 170
사랑하며 생각하며 __ 172
우주보다 크신 사랑 __ 173
들림받기를 다짐해 본다 __ 174
우리를 긍휼히 여기소서 __ 175
할머니 __ 176
내 이름이 그분의 생명록에 __ 178
천래의 기쁜 날 __ 180

■ 편집후기 __ 181

1

빛이시라 그분은

빛이시라 그분은!
그분의 빛이라
찬란한 우주의 빛처럼
조용히 금빛 날개를 펴며
사랑은…
지존하신 하나님만이 아신다
엘 올람
내 생애의 비상을
인생에게 엄위하신 하나님
찬란한 아침이 오면
약속하여 주소서, 주님
이른 봄빛이
지혜로운 청지기
밝고 맑은 생명의 노래
창조자의 권한에 맡기는 것이다
세상 어느 곳에도

빛이시라 그분은!

캄캄한 어둠을
반딧빛처럼 찾아오신 이여
손 시려 호호 불며
밤을 달래는 유랑자들에게
빛이 되어 오신 님

캄캄한 절망에서
별빛처럼 찾아오신 이여
마음이 시려 움켜쥔 가슴을
적막한 한숨에서 절망한 자들에게
빛으로 따뜻하게 오신 님

캄캄한 영혼의 무질서에서
햇빛으로 찾아오신 이여
혼탁한 세상의 향유에서
혼란한 인생의 권세에서 아우성치는
무질서에서 질서를 회복하시려
높은 곳에서 땅 위에 빛으로 오신 님!

캄캄한 생의 삶이 금생뿐인 줄 아는 이들에게
내세의 빛으로 오신 이여
한 세기를 삶으로 채우지 못하면서

이기로 욕심으로 어리석음으로 부질없는 것에서
지혜의 삶을 놓치는 원통함이 없도록
영원을 사모하는 마음을 주시려고
낮은 자리에 빛이 되어 오신 님
빛이시라 그분은!

그분의 빛이라

세상에 살면서
무인도에서 사는 것 같은 침묵
대낮인데
밤에 어둔 날처럼 공허한 대지

일그러진 갈등은 도전해 온다
악으로 대하니 선이 울고
선으로 대하니 악이 기승을 부린다
엄청난 무게를 싣고 덤빈다

모순이 엉키어서 멈춘다
부조리가 하늘 높은 줄 모르고
마구 오르다가 산산이 부서진다

악의 축보다는
선을 행하다가 낙망하지 말아라
세상에 살면서 빛이 비추리라
영원하신 그분의 빛이라

찬란한 우주의 빛처럼

막 달려온 길이 숨가쁘다
일등은 못했어도
최선을 다한 지금까지
순조롭지만 못한 것이 너무 많다
지금 생각하니 사람마다 색다른
고비와 골짜기, 건널 수 없는 강
늪에서 헤어날 수 없었던 꿈같은 어려운 날들

난 시린 고독을 수없이
난 애절한 외롬, 창파 속에 몸부림
난 인생길에 골이 깊어 메울 수 없는 것이다

난 만일 그분을 만나지 못했다면
난 오늘 측량할 수 없는 생의 가치관 어디로…

찬란하게 빛나는 고귀한 그분의 창조!
그 창조의 피조물, 영화론 일부분이 된 것을
깨닫는 순간, 우주의 빛처럼
밝고 맑은 영혼 깊숙이 환희의 기쁨이어라

조용히 금빛 날개를 펴며

나는 오늘
투명인간이 되어
나들이를 시작한 것이다

찬란하게 빛나고
눈부시게 열린 하늘문에 들어갔다
휘황찬란한 빛 속에
금빛 날개를 펴서 그 문에 들었다
인자하신 미소 지으신 분은…

아, 행복한 아늑한 조용한 여기
금빛 날개를 접고
나는 세상에서 찾을 수 없는
기막힌 여정의 기쁨을 만끽하며

조용히 금빛 날개 펴서
또 다시 훨훨 날아서
그분의 미소를 멀리 바라보며
천상을 날고 날았어라
인간의 언어로는 행복한 날이라 칭하지만
하나님 언어로는 무엇이라 측량하실까…

사랑은…

사랑은
멀리서 가까이 오는 것이다
없는 데서 솟아나는 샘물이다
알아주지 않아도 좋은 것이다
정직한 인생은 사랑을 아는 것이다

사랑은
가까이 있으면서 모르는 것이다
있는 데서 없는 것처럼 메말라 보인다
몰라주는 한탄이 있는 것이다
지혜로운 인생은 사랑을 아는 것이다

사랑은
멀리서 가까이서 공존하는 것이다
유무(有無)를 막론하고 함께 가는 것이다
알아도 몰라도 탄식하면서 기쁜 것이다
정직하고 지혜로움이 공유하는 것이다
사랑은 변치 않는 빛이다

지존하신 하나님만이 아신다

우주의 비밀이 숨어 있는데
인간으로는 측량할 수 없는 것이다
무한대의 공간과 깊이를
가장 큰 망원경으로도 해결할 수 없는 그것을
하나님의 지혜로 만드신 하나님만이 아신다

하늘의 비밀이 숨어 있는데
인간은 보이는 하늘만 바라본다
별과 달과 해를 본다
그 크신 하나님의 신비를
그것을 만드신 하나님만이 아신다

바다의 비밀이 숨어 있는데
인간은 바다 그 깊은 곳에 살고 있는 생물을
무한한 깊이와 폭을 짐작도 못한다
형형색색의 비밀을 모른다
그것을 만드신 심오한 하나님은 아신다

소우주인 나의 영혼과 육신의 비밀이 있는데
나는 숨을 쉬고 내 육신을 길들이고 있는 것 같은데
아직도 난 내 영혼과 육신의 간격도 모른다
뛰어난 의술도 날마다 한계를 느끼는 것이다

나를 만드신 하나님은 인생의 생로병사의 비밀한
인생을 아시는 것이다

우주와 삼라만상을 섭리하시고 인생을 아시고
그것을 모두 운행하시는 것이다
우주의 질서와 인생의 생사를
지존하신 하나님만이 아신다

엘 올람*

가을의 창공은 넓고 푸르다
가을의 창공은 높고 맑다
바람은 살짝 그리움을 실어준다
바람은 살짝 솔잎의 향을 물고 스친다
그리고 밤하늘의 만공은 사늘하듯
그리움의 꿈을 우주에 흩뿌린다
아, 너의 얼굴이 거기 희미하게 비치누나

가을의 창공은 그리움으로 가득하다
계절의 대지 위엔 영글고 익어가는
숨소리가 넘치고 크게 들리는구나
함박웃음이 계절 안에서 희열이 되는구나
아름다운 결실이 땅 위에서 넘치고
높고 푸른 하늘에서 별들이 춤을 춘다

아름다운 우주의 형연이 빙그르르
내 마음에서 돌고 돈다
인간의 언어로 감사와 영광을 당신께 드리나이다
나의 영원하신 님이시여 그 이상의
창조의 언어는 '엘 올람'(El Olam)이니이다

  * 엘 올람 : 영원하신 하나님

내 생애의 비상을

그분은 아신다
내 생애의 비상을
내 날개짓을 힘차게 솟아오를 것을
내가 추락할 때 독수리의 날개보다
더 빨리 주님의 날개로 받아주심이여
높이 올려놓으시는 그 사랑

그분은 아신다
내 생애의 이상향을
내 몸부림의 망상에서 깨어나기를
내가 그 늪에서 잠기지 않도록
오셔서 내 손 잡아 올리시는 주님이시여
청아하고 깨끗하게 씻겨 주시는 그 사랑

그분은 아신다
내 생애의 참빛을
내가 추구하는 아름다운 진정한 위엣 것을
내 만신창이 되어 호흡이 멎어도
당신을 사랑하는 것을 아시는 주님이시여
충분필요 조건을 채워주시는 그 사랑
평생에 그 나라에서도 감사하나이다

인생에게 엄위하신 하나님

규모 없는 건 언제나 사람 편에서였다
털어서 먼지 안 나는 사람이 없는 것이다
부조리와 모순 본질이 아닌 것으로
에덴에서 쫓겨날 때 저지른 죄인 것이다

권모술수 속임 욕망의 바벨탑
하늘을 찔러야겠다는 것이다
그것은 위에서 난 법이 아니다
하부구조 인생의 넋두리인 것이다

극단의 이기로 이웃도 나라도
함께라는 기틀이 무너지는 소리 소리가
아우성으로 변하는 무질서의 소리다
참 어려운 것인가 회복이…
하나님 주신 책 속에서
선민이 어깃장 놓을 때 기막힌 포로로 간다

포로의 길로 가기 전 험난한 채찍이 가하기 전
돌아서라 에덴의 질서로 돌아오라 속히
지구 이쪽저쪽에서 되지 못하고 된 줄로 아는
무지함이 충성을 왜곡하고
제 목숨은 초개같이 날린다 짐승도 그렇게는

하지 않는 것이다 살 길을 찾는다

규모 없는 것이 사람이 되어서는 아니 된다
그것은 자처하는 모두의 멸망인 것이다
돌아오라, 못 나고도 잘난 줄 아는 인생아 돌아오라
질서 밖에서 질서 안으로 오너라

와서 하나님의 행하신 것을 보라 인생에게
행하심이 엄위하시도다

찬란한 아침이 오면

칠흑같이 어두운 캄캄한 날이
삶의 뒤안길을 엉키게 한다
벼랑 끝에 서서 마음 던져질 때
소나기 내리는 날 음산한 하늘에
한 줄기 빛이 빛이 되어
밝은 빛으로 열리는 새 아침의 노래 있어

천상의 소리여라
영혼의 문 열리는 소리가
고요히 아침을 깨운다
칠흑의 어둠이 걷히는 조용한 날
우렁찬 소망의 찬란한 오케스트라
완벽한 인생의 데생이 그려지는
이 순간에 내 갈길 다 갈 때에 처소가 있다

찬란한 아침이 오면
그때 모두 함께 서리라
나의 영원하신 님과 함께…

약속하여 주소서, 주님

이른 아침에 남산은 싱그럽다
가끔은 이름 모를 새소리들이 지저귀고
다람쥐는 호들갑스럽게 나무 위로 달리고
나뭇잎들은 외솔바람에 춤을 추며
짙푸른 여름이 다가온다

저 동편에 뜨는 해가
고요한 아침을 재촉한다
이 평화의 대자연 속에 안기는 순간
나는 이 평화를 누리자, 고요한 평화를…
일상에 돌아가서도 그윽한 평화가
나에게 오래 있도록 꼭
약속하여 주소서, 주님

이른 봄빛이

이른 봄빛이
대지 위에 비추인다
동결되었던 만물이 깨어나려고
막 기지개를 펴는 소리가
새 움을 재촉한다

이른 봄빛이
겨우내 움츠린 삶의 고뇌들
어둠의 쿵쿵거리는 소리 소리
흔들어서 띄워 보내고
새 용기의 빛을 발하려 한다

이른 영혼의 봄빛이
오늘뿐인 이생인 줄 알면서
얕은 생각에 질긴 인생길을
반추하지 말고
깊은 생각에 내세에 찬란한
영원을 음미하며

오늘을 단장하는 미래가 영속되기를
만물의 계절을 지휘하시는 그분의 리듬에
내 작은 생명을 맡깁니다
만물의 지휘자이신 주님이시여!

지혜로운 청지기

음미되지 않는 인생은
보람된 인생이 아니다

주인이 자기인 줄 알고
착각하고 살았던 것이다

모든 가치관의 기준을
하나님의 판단에 맡기고
하나님께서 만물의 주인인 줄 알고

자기 현실을 직시하며
지혜로운 청지기로
하나님께 영광을 돌리자

밝고 맑은 생명의 노래

하얀 동네로
하얀 눈을 밟으며
하얀 마음으로 걸어간다
하얀 마을 거기는 어디…

거기는 마음 착한 이들이 모이어서
생명의 노래를 부르며 활기찬 마을
거기는 싸움도 질투 시기가 없는
천지에 무궁한 신비한 나라다

그분이 지으신 참 놀라운 마을
세상에서 볼 수 없는
생명수 강가에 영원한 노래 있어
밝고 빛난 영광의 새날이라
밝고 빛난 영광의 날이
맑고 빛난 생명의 노래가 영원하리라

창조자의 권한에 맡기는 것이다

행복은 잠깐이요
고난은 길고 인생의 수없는 여울 건너야 한다

다행은 잠깐이요
불행은 인생의 삶의 필수처럼 걸리적거린다

기쁨은 잠깐이요
슬픔은 인생의 고비마다 가로지른다

행복과 다행과 기쁨과 긴 어울림은
고난과 불행과 슬픔의 바탕을 지우는
창조자의 권한에 삶을 맡기는 것이다

세상 어느 곳에도

세상의 어느 곳에도
내 것이 없고 네 것도 없다
그런데 인생은
내 것도 아닌 네 것도 아닌 것인데
왜 서로 물고 먹으려 하나

그것도 긴 세월이 아닌
일세기도 못되는 날들을 사는데
영겁의 시간은 처음도 끝도 없이
가기만 하는데 회전하는 그림자처럼
세상의 인생들아
왜 허무를 재촉하는가

왜 인생은 허기진 삶을 사는 것인지
왜 움킨 자는 내놓지 않고 진저리나도록
내 것을 추구하고 있는 것인지
참 어리석은 자들아 일어나 함께 가자
그분의 빛으로 소생하기를 소망한다

2
주님 십자가의 사랑

고난의 십자가를 지시기 위해
십자가에 달려 굽어보시는 주님
사순절 기간
주님의 형상을 닮게 하소서
인생의 지평선을 믿음으로
주님, 이 땅 고쳐주소서
질서의 회복이
참 도를 따르라
화목의 제물로 쓰임 받기를
평화의 종소리
평생의 꿈이어라
주님, 용서하여 주옵소서
주님을 기억하게 하소서
내세의 소망을 주시려고
참 놀라우신 주님의 은혜
주님이 많이 기뻐하실 것이다
선을 향하여 달리다가

고난의 십자가를 지시기 위해

요람에서 무덤까지 인생의 순례길
에덴에서 하나님의 언약을 어긴 죄 탓인 까닭에
살고 죽는 법 아래서 참혹하게 전개되는
인생의 삶이란 평생이 시작되는 것이다

삶의 과정은
기쁘고 성내고 사랑하고 풍류하고
슬프고 그릇되고 욕심내고… 이것의 반추다
세월의 끝자락에 기운이 진(殄)할 때 되면
저 하늘나라 가야 되기에

그 자리 마련해 주시려고 오신 님
죄 하나도 없으신 그분이 죄 많은 인생의
화목을 위해 삼십삼년 땅 위에 공생을 마치시고
그 신비하고 신기한 일들을 다하시고
십자가의 고난을 지키시기 위해서

겟세마네 동산에서 땀방울이 핏방울 되게
기도하시면서 홀로 준비하시는 주님
태산보다 많은 원죄를 벗기시려고
죽는 날 아시면서 묵묵히 행하시는 주님
마지막 이 쓴잔을 내게서 옮기시옵소서

그러나 아버지의 뜻이라면 행하리이다

오 주님! 십자가 지시기 위해!
준비하시는 참담한 순간순간
칠흑 같은 날들이어라 죄 하나도 없으신
하나님 성자 예수님이시여!
주님이시여, 어이할꼬
죽을 일을 하시면서 준비하시는 순간들
오, 주님 많이 사랑합니다

  * 고난 주간에

십자가에 달려 굽어보시는 주님

주님, 너무 맘이 아프네요
쓰린 마음이 울렁입니다

주님, 너무 맘이 쓰립니다
애달픈 마음이 두근거립니다

주님, 너무 맘이 애달프네요
무지 목이 막히고 마음이 무지 쪼입니다

주님, 무지목매한 인생들 용서하시며
침묵으로 인생에게 긍휼을 베푸시는 주님

주님, 고통의 침묵으로 비천한 인생들에게
구원의 열쇠를 주시려고

주님, 상한 갈대로 무릎을 꿇어 엎드립니다
죄 많은 인생들을 십자가에 달려 굽어보시는 주님

검붉은 나의 죄 사하시려고
귀하신 보혈은 흘리셨네요, 주님
눈물 없이 이 길을 어이가리까, 주님

주님께 감사와 영광을 드립니다
주님께 감사와 찬송을 드립니다

사순절 기간

사순절 기간입니다
땅만 보고 사는 인생들에게
우엣 것을 알게 하시려고 오신 님
잠깐 위엣을 바라보다가

사특한 세상에 빠져서 헤어날 줄 모르는
미련하고 둔탁한 인생의 영원한 몫을
담당하시기 위해 깨워도 잠자는 제자들
깨워도 땅만 보고 허덕이는 이생들
그 따뜻하신 손길로 어루만져 주시고

지금 그 쓴잔을 마시기 위해서
땀방울이 핏방울 되도록 기도하시고 애쓰신 님
누구 하나 알아주는 이 없는 허허로운 대지 위에
홀로 담당하시려고 삭풍 끝에 서서 계신이여
생각건대 떨려 떨려 오! 주님
그래서 이 세상에 정들 수 없어라

오 주님!
오 나의 주님!
그 고통의 날들 맞으시려고
침묵의 피를 안고 계시는 이여 떨려
지금은 사순절 기간 준비는 승화의 떨림입니다

주님의 형상을 닮게 하소서

인생의 모순이 많다
남에게 권고하기는 쉬우나
남에게 권고하는 만큼 자신은
행동으로 옮기지 못하는 아쉼이 많은 것이다
남에게는 말하기 쉽고 나는 행동이 어렵고
나는 옳다고 판단하는 버릇이
인생들에게 허다하게 많다

권고를 할 줄은 아나
자신은 권고를 받아들이지 못하는 모순을
자신이 모를 때 질서가 무너지는 것이다
그럼에도 끈질긴 권고는 사람의 마음을 상하게 한다

불완전한 인생들은 늘 모순을 안고 살아간다
삶을 통한 깨달음이 행동으로 옮겨질 때
적은 것에서부터 큰 것에 이르기까지
용서와 화합이 이루어진다
질서가 부양되는 기초석이 되는 것이다

특히 믿음의 지도자들이 앞장서야 한다
특히 믿음의 성도들이 앞장서야 한다
그래야 주님의 형상을 입은 자들이 아닌가

그래야 주님의 명령인 땅 끝까지 복음이
전파될 것이 아닌가 사료된다

인생의 지평선을 믿음으로

성큼 다가온 가을
생각하며 살며 할 여지도 없이
갑자기 변하는 계절만큼이나
갑자기 변질되는 인생의 노정기
생각하며 살 수 없이 급변하는 세상의
여러 가지 순서 없는 사물의 변천을
이것이 때로 참혹한 현실이 된다

그러나 끝까지 견디는 순례의 길은
주님 지신 십자가 고난을
인생이 불감당하온즉 감당케 하소서
지금 우리 사는 무질서 혼탁한 세상 속에
당신의 증인이 될 수 있도록
새로운 힘을 새로운 능력으로 새로운
인생의 지평선을 믿음으로 열어가게 하소서

주님, 이 땅 고쳐주소서

장마보다 무서운 국지성 폭우가
이 땅을 초토화하고 있네요
무너진 산에서 들에서 길에서 집에서…
생명이 죽음에서…
떨고 있는 안타까운 비명에서…
헤아릴 수 없는 고통의 현장이
이 땅 곳곳에서 흐느끼고 있네요
어이할꼬!
속수무책인 긴긴 날들이 계속되는…
억장이 무너지는 소리의 외침이 너무 아프기만 한데

내 할 수 있는 한마디
주님, 이 땅 고쳐주소서
주님, 이 영혼들 고쳐주소서

질서의 회복이

봄이 꽃의 미소를 안고 왔는데
얼었던 우울했던 마음이
얼룩진 사연들을 봄물에 띄우고
지구촌의 사람들 삶의 방법이
새로운 나들이로 시작되면 좋겠다

봄이 잎의 활기를 채우는데
겨울잠을 자고 깬 얼굴이 눈부시다
생동력 있어서 환한 내일이 있길래
거침없이 제자리에서 나부낀다
얼룩진 사연도 없고 그냥 평화로운 것이다

계절은 여전히 묵묵히 제 길에서
조성자의 법칙에 따라서 순리대로인데
지구촌 인생들만 떠들썩할까
애시당초 지은 죄가 하도 커서
감당을 못하는 것일까
좌충우돌하면서 무질서의 횡포
처처에 기막히구나

그 참혹한 형틀에서 고초당하시고
대신 죽으신 님이여

질서의 회복이
당신 곁에 있음을 깨닫게 하소서

참 도를 따르라

사랑하고 싶은 사람을 사랑하는 것은 쉬운 일이나
사랑하기 싫은 사람을 사랑하는 것은
쉬운 일이 아니다

좋은 마음을 주고 싶은 사람은 주기가 쉬우나
좋은 마음을 주기 싫은 사람은 주기가
쉬운 일이 아니다

쉬운 일이 아닌 이 일은
인간의 마음으로는 죽어도 못하는 것도 있다

참 도(道)가 있다
그것은 그리스도를 닮은 마음에서 비롯되는 것이다

화목의 제물로 쓰임 받기를

한마디의 말에 천냥 빚을 갚는데
그 말들이 왜 그렇게 인색한지
그것을 잘 몰라서 오리무중이다

어쩜 믿음 있는 사람들이
이 말에 인색한 것은 무슨 까닭일까
극단의 이기에 빠지지 않도록
그것은 믿음이 아니라 이론에 불과한 지식이다

가슴에서 우러나는 진정한 믿음이 아쉬운 때
화목의 제물로 쓰임 받는 주님의 자녀 되기 원합니다
끝까지 견디는 자 되기를 원합니다
응원하시는 주님의 사랑을 받을 준비되게 하소서

오늘의 그리스도인들이
믿음의 전신갑주를 입고 행하게 하소서
사랑의 전신갑주를 입고 살게 하소서
소망의 전신갑주를 입고 저 천국 바라보게 하소서

정녕! 하나님께 화목 제물로 쓰임 받게 하소서
정녕! 삶을 통해서 하나님께 영광 드리게 하소서

평화의 종소리

적막한 산울림
메아리 되어
들리는 소리 있어
귀를 기울인다

찬 서리 속에
피어나는 꽃같이
네가 나와 함께 피어나리라
내가 산울림 되어
너를 안아 주리라

예수님 나신 베들햄…
평화의 종소리 나는 들으리라
평화의 종소리 너도 들으리라

평생의 꿈이어라

하늘 아래 끝없이 펼쳐지는 녹색의 대평원
하늘 아래 끝없이 출렁이는 쪽빛 수평선

우주는 하늘을 안고
별들의 끝없는 향연의 무도회를 일관한다

대자연 침묵은 소리 없는 소리가 되어
인간이 넘을 수 없는 예술을 만들어 낸다

그리고
인간의 작은 모습을 너그럽게 쓰다듬어 주신다
영원 전부터 계신 신묘막측하신 분이여…
그분의 품에 화려한 나들이는 평생의 꿈이어라

주님, 용서하여 주옵소서

주님
요란한 세상에서
주님의 자녀를 보호하시는
그 크신 사랑을
확신하면서도 눈으로 보이지 않아서
순간순간을 서성이며 어찌될 것인가
애타는 목마름을 용서하여 주옵소서

주님
어지러운 세상 중에
양을 이리 가운데 던지실리 없는
그 크신 사랑을
알면서도 당장에 만질 수가 없어서
순간순간을 눈물짓고 한숨지으며 어찌될 것인가
잠 못 이루는 밤을 용서하여 주옵소서

주님
종말의 악한 현실 속에서
불 가운데로 지날 때에 타지 않게 하시고
물 가운데로 지날 때에 침몰치 않게 하시는
그 크신 사랑을
확신하고 알면서도 먼 하늘을 바라보며

서로서로 사염의 가치관이 달라서 어찌될 것인가
애타며 방황하는 어리석음을 용서하여 주옵소서

주님을 기억하게 하소서

삶의 무게가 무거울 때
삶의 아우성보다는
고난에서 자유케 하신 진정한
주님 사랑을 기억케 하소서

다 버리고 어디론가
정처 없이 떠나고 싶을 때
고통에서 자유케 하신 신뢰의
주님 자비를 기억케 하소서

파도치는 세월의 거품에
존재의 의식이 몽롱할 때
어둠의 블랙홀로 깊이 빠지지 않도록
주님의 기쁘신 뜻을 기억케 하소서

육신의 고통이 엄습해 올 때
신음하는 부분을 달래기에
부지런할 수 없는 기력으로 엉거주춤할 때
주님의 능력으로 치유케 하소서

내세의 소망을 주시려고

인간의 언어로는 표현할 수 없는
쓰디쓴 잔, 최악의 고통, 그 쓰라린 아픔
홍포를 입으시고 가시면류관 쓰시고
긴긴 침묵의 먹구름이 하늘 덮고 땅을 덮고
천지개벽의 숨 막히는 고요의 흔들림은
천지를 진동하고 진동한다
세기의 웅장한 어두움의 터널을 지나서
저기 빛이 있노라

신이신 당신만이 하실 수 있는 세기의 역사
위대하신 참사랑의 극치
비천한 인생의 얼룩진 참혹을 벗기시기 위해

땅 위에 오신 님
다만 금생뿐이 아니라
내세의 금빛 찬란한 선물을 주시기 위해
수난의 시간이 참혹하게 흐르는데

땅만 보는 사람들아 오늘 함께
내세의 소망을 바라보자
언어로 표현할 수 없는 무거운 짐 지시는
주님 곁에 서서 있기를…

참 놀라우신 주님의 은혜

오늘은 나의 날이다
나그네 길의 세월이
오늘의 문턱에서 한 일이 별로 없는데
이 세월 속에서 가장 멋진 일 하나는
내가 가장 사랑하는 이들이
주님을 구주로 모신 것이다

참 놀라운 주님의 사랑
나는 이 세상 아무것도
바라는 것이 없다

나의 나그네 세월 속에서 더할 나위 없는
나의 평생에 선하심과 인자하심이
내가 여호와의 집에 저들과 함께
영원히 거하고 싶은 것이다

주님의 그 크신 사랑
나는 영원한 주님의 것
나의 전부이신 나의 주님
앞으로 삶의 세월이 얼마인지 몰라도
영원히 변치 않는 주님의 것으로요!

주님이 많이 기뻐하실 것이다

많은 사람들이 웅성거리는
삶의 터전에서 살짝 비끼는 날
삶의 쉼터에서 정을 나누는 날
거기 사랑만 있기를 바라는 것이다
거기 주님을 높이는 시와 찬미가 있으면
더욱 주님이 기뻐하실 것이다

많은 일들이 살아가는 땅 위에서
삶의 높낮이를 아우성으로 찾는
삶의 권세를 명예를 앞 다투는 일에서
거기 잠깐씩 멈추는 사랑의 법을 높이고
거기서 주님을 사모하는 마음을
조금 높이면 주님이 많이 기뻐하실 것이다

선을 향하여 달리다가

주님 세월을 따라 잡을 자가 누구이오며
주님 시간을 쪼갤 자가 누구이나이까
주님 시각을 미리 짐작할 자가 누구이리까

세상의 인생들에게 주어진 유한한 범주 내에서
하나님의 지혜를 감히 누가 따르며
하나님의 지식을 감히 누가 가지오리까

사특한 인생의 본질이 없어지지 아니하며
죄로 저질렀던 본질이 깡그리 없어지지 아니하며
선을 향하여 달음박질하다가 심술꾸러기 아이처럼

샛길로 빠져서 세상과 연합하다가 정신 못 차리는
샛길로 걷다가 죽을 줄 모르는 세상 늪에 빠져 허우적대는
애굽에서 탈출한 이스엘이 오만처럼 불순종하다가
사십년을 광야에서 돌고 돈 것처럼
샛길로 빠져서 돌고 도는 인생들을… 건져주소서

세월과 세상과 사특과 샛길로 빠진 인생들의 행로를
바라보시며 주관하시며 살려주시는 주님
주님 밖에 회전하는 그림자까지 전지전능하신 주님

죽을 때까지 철없는 인생들이 옳습니다

오~ 주님 손들고 주님 앞에 섰아오니
내 평생에 주님 꼭 잡아주소서, 꼭 잡아주소서

3

부활의 영광

부활의 먼동이 떠 오는 것을
죽음을 이기신 부활의 주님
여명
영원 너머로의 세계
일어나 함께 가자
영원을 사모하는 기쁨
역사의 주인되시는 하나님
고뇌를 은혜로
한 해가 저물어 가기 전에
영원한 부활의 나라로
잿빛에서 초록빛으로 탈출
죽음에서 부활의 역사를
내가 사는 날 동안
꿈
영원한 집에서
내세의 삶의 소리로
그 나라에 임하게 하소서

부활의 먼동이 떠 오는 것을

먼동이 떠 오는 것을
칠흑 같은 밤
깊은 골짜기 밤은 깊어
우거진 솔밭 사이로 부는 바람이
파도치는 소리 쏴 쏴 휭~
을씨년스러운 죽음 같은 밤
나는 세상의 마지막을 작별하려 한다
한바탕 삭풍에 흔들리는
소나무 파도치는 굉음은 사라지고
죽음의 밤처럼 고요하다
방안의 촛불만이 하늘거린다
깊은 고요 나는 지금
무엇과 씨름을 하고 있나
처절한 깊은 밤이구나
산곡에 밤도 칠흑 같이 캄캄하고
내 마음도 칠흑 같이 캄캄하다
이 한밤이 몇 겁을 흐르는 세월보다
길고 또 길다 끝없이 길~다
목이 말라 목이 조여온다
언제 먼동이 트려나 언제쯤…

지금은 무아경지 생각은

하얗게 물보라처럼 번진다
파문을 드리우면서
칠흑 같은 밤도
바람 부는 소나무 거센 파도 소리도
죽음 같은 고요도
텅 빈 방 하늘거리는 촛불도
어디로 가고
난 하얀 공간에 떠 있을까
무아의 속삭임도 아닌 여기는 어디일까
만세전에 잡으신 내 손을
그분이 잡고 있는 것을
먼 훗날 깨달은 것이다
내 생의 부활의 먼동이 떠 오는 것을…

죽음을 이기신 부활의 주님

칠흑 같은 어둠의 권세를 이기시고
다시 사신 주님의 놀라우신 권세여

원수가 놀라 달아나고
죽음을 이기신 권능의 주님
인간의 비하의 자리에서
가장 찬란한 세기의 영광으로
다시 사신 주님

하다한 증인들 앞에서
부활의 모습을 나타내시고
당당하신 위엄과 사랑으로
제자들에게 만백성 앞에 나타나신 주님

놀랍도다 그 사랑 그 은혜
언어로 수사할 수 없는 기쁨과 환희와
신묘막측한 무궁한 신비의 빛이
부활의 영광으로 찬란하도다

여 명

어둠이 밝아 오리라
저 지평선에서
저 수평선에서
저 들녘에서
저 산하에서
저 원시림에서
다함께 함성으로 외치고 외친다

어둠이 밝아 오리라
여기 일그러진 양심들이
여기 惡이 앞을 다투며 善이 멀어지는
여기 마음의 이랑을 경작해서
여기 굳은 마음을 용서로 눈 녹듯이
다함께 고요히 낮아지는 겸손이 머리 숙인 채

어둠이여 밝아오라
오늘의 다다른 측면의 삶을 가다듬으면서
오늘의 현실을 바로 직시하는 그런 삶으로
오늘의 마지막 우리 진실을 선으로 엮어보자
오늘 우리는 외면하지 말자 눈물을 머금고
오늘 우리는 양보라는 그 너그러운 마음을
오늘 우리는 관용이라는 그분의 마음을 닮아 보자
죽음에서 다시 사신 주님을 바라보자

영원 너머로의 세계

세월이 지나가는 자국을
당신과 함께 남깁니다

사랑의 이야기를 다듬으면서
가득한 그리움이 자국이 됩니다

하늘과 땅 사이 당신 생각으로
수없이 행복한 날들이 자국을 남깁니다

멀리 있어도 곁에 있는
시공(時空)을 초월한 우리는 함께 자국을 남깁니다

지독한 암흑의 세계 블랙홀에서
저 영원한 광명의 나라로

영원을 향해서 잡은 손 놓지 말고
영원 너머로 초극의 세계로 함께 날아갑니다

일어나 함께 가자

일어나 함께 가자
내 사랑하는 너
가을
긴 추억의 노래를 부르며
물안개 헤치며 잠잠히
자국을 남기며 정적을 마음에서 흔들어 본다

그렇게 함께 가자
내 사랑하는 너
가을 깊은 곳에 그림을 그리며
안개가 사라지기 전에
정겨운 데상을 마음에 남기며 그려본다

여울의 징검다리를 건너가자
내 사랑하는 너
아늑히 반짝이며 출렁이는
잔잔한 물결 거기
새로운 창조의 사랑을 마음 깊은 곳에 간직하련다

영원을 사모하는 기쁨

세상에 꿈을 펼친 이들이
세계 속에 숨겨져 있다
인류에 아로새긴 각기 분야에서
꽃을 피운 삶의 향기로
오래도록 남아서
이름을 후대에게 전해지는데

세기에 영원의 삶을 펼친
세기적인 죽음에서
세기적인 부활하신
우리의 주님
인류에게 죽어도 다시 사는
법을 온 세상에 빛을 비추어 주신다

그 이름이 빛이 되시어
후대에게 온 인류에게
금생과 내세에 영원한 삶으로
인생의 길을 믿음 안에서
오고 오는 세대까지 이끌어 주신다

창세에
길이 영원을 사모하는 기쁨과

영생의 삶 속에 향기로운
관조의 세계를 창조하는
영원한 비밀을 우리에게 주셨다

역사의 주인되시는 하나님

하나님 손에 놓고 불면
우리의 건강도 지식도 재능도
우리의 재물도 생명도
간 곳이 없으련만

하나님 손에 놓고 불면
우리의 자녀도 아내도 남편도
간 곳이 없으련만

하나님 손에 놓고 불면
우리의 권세도 명예도
우리의 땅도
간 곳이 없으련만

하나님 손에 놓고 불면
세상도 지구도 우주도
간 곳이 없으련만

이 모든 것들이 우상이 되어
하나님 손에 깊이 빠지지 못할까?
하나님 뜻에 살지 못할까?

지금!
잠시 잠시 혼돈되는 삶을 다듬어서
역사의 주인되시는 하나님께로
속히 참된 부활의 삶으로 승리하자

고뇌를 은혜로

인생의 죄 탓인
참혹한 삶에서
가슴 무겁고 침울한 일들이
때로는
비틀거리며 아첨하며 비굴하게
억울하게 요염하게 도도하게…
천태만상의 형태는
저마다 혼자의 뜻대로 아우성친다
그래서 세상은
친구가 원수로 원수가 친구로 되기도 한다
이러한 고뇌가 다가올 때
우리는
애태우며 불평하지 말자
애태우며 변명하지 말자

뼈가 쑤시는 아픔을
인내로 바꿀 때
도우시는 공의의 하나님께서
도우시는 위로의 하나님께서
도우시는 평강의 하나님께서

아무도 모르는

작은 정의와 정직의 한 모퉁이를
긍휼과 자비로 바라보시며
고뇌를 은혜로 베푸시는 하나님
아~ 여호와 닛시…

한 해가 저물어 가기 전에

산에는 산새가
춘하추동을 막론하고 변함없이
청아하게 지저귀는 아름다운 노래로
주인이 되어 나그네를 반기는구나
싸늘한 겨울에도 나목에 앉아서
사랑을 노래하는가 친구를 부르는가
새야, 너도 한 해가 저무는 것을 알고 있느냐

산에 사는 산새야
이 겨울엘랑 네 둥지에서 노래하려무나
너의 청아한 노래가 멀어도 좋으니
들려만 주거라 나그네 서러운 길을 재촉하련다
연륜이 배어든 나무의 나이테가
한 해가 저무는 것을 알고 있느냐

하늘을 날으는 새야
네 둥지 다듬기 위해 비상을 거듭하고
나목으로 떨고 있는 나무야
다음해 잎을 내기 위해 떨며 지키는데
그분께서 허락하신 질서를 너희는 잘 지키는데
만물의 영장인 인생의 가는 노정기는
왜 질서가 어지러울까

겨울날 이 긴 길을 걸어가면서
청아한 산새 노래를 들으면서
나목이 사르르 흔들리는 몸짓을 바라보면서
그들의 변함없는 생명의 질서에서
한 해가 저물어 가기 전에
나도 그분의 질서를 지키고 싶은 것이다
우리 함께 그분의 질서를 지키면 참 좋겠다

영원한 부활의 나라로

산새들은 노래로 언어를 속삭인다
사랑을 이야기하며
분노를 발하면서 죽기까지 싸운다
이런 일들은
땅에서도 바다에서도
지구 전체 생명을 보존한
동식물에서 일어나는 현상이다

이 모든 까닭은
에덴의 평화를 죄로 깨트린
인생의 죄로 저지른 비극에서 비롯된 것이다
인생의 부질없는 사욕 때문이다
계속되어지는 선악 간의 전쟁을
선으로 승리하는 새들의 합창이
선으로 승리하는 인간의 노래를
주신 이의 뜻을 따라
인생의 긴 고난에서 탈출하라
영원한 부활의 나라로

잿빛에서 초록빛으로 탈출

둘러봐야 아무도 보이지 않는
저녁노을 빈 하늘만 눈에 차누나
호젓한 꿈과 안정과 평화가 깃들인 전원

암울한 날들은 물러가라
현실의 저항을 느끼며
이상향으로 사색적 탈출을 모방하고 싶다

주위가 온통 초록으로 둘러싸인 전원
거기서 내 길은 인생의 사색에 잠겨본다
나의 모든 원수를 사랑하자

그리고 내 주어진 이 긴급한
소망의 길을 개척하는 사명이 있음을
확신하면서 연약한 몸을 일으켜
초록빛 전원에 마음을 실어본다

아, 탈출하리라 초록의 전원으로…
영원한 초록빛 나라로 탈출하는 것이다

죽음에서 부활의 역사를

우주와 삼라만상과 사람을 만드시고
보기에 좋았더라 하셨는데

철없는 인생(아담 하와)이
저지른 죄 값으로
인생의 죽고 사는 문제가
보통 일이 아닌 생존경쟁이
전쟁처럼 치러야 하고

자연 재앙과 인재는 번갈아 가며
인생의 삶을 토네이도처럼
휩쓸고 지나간다

살면서 지나가는 인고(人苦)를
요람에서 무덤까지 이어져야 한다

날이 갈수록 죄의 수준은
상상할 수 없는 종속 간의 잔해로
삶의 무질서가 토착하고 있다

오~ 주님 때로 심히 괴롭습니다
이런 중에도 절망하기 보다는

이생보다 내세의 영원한 나라를
바라보게 하신
죽음에서 부활의 역사를 감사하나이다

내가 사는 날 동안

하나님 아버지
내가 사는 날 동안
당신 안에서 자유함이
오묘하고 깊은 우주보다
넓은 세계를 고백합니다
그토록
신묘막측함을 미처 몰랐습니다

아버지
내가 사는 날 동안
당신 안에서 자유함이
놀라우신 사랑과 은혜를
측량할 수 없음을 고백합니다
그토록
신묘막측한 사랑을요

아버지
내가 사는 날 동안 자유함이
내가 죽는 날에도 고요히
당신 품에서 자유함으로
새 날을 바라보고 종국을 맞이하며
만민에게 전도의 문을 활짝 열어놓고

그토록
신묘막측한 내세로 들어가게 하소서

꿈

꿈은 가득하고
다 못 채운 꿈은 세월이 앗아간다
철들 때부터 죽음에 이르기까지
꿈은 사라지지 않는다
이루지 못한 꿈은 뒤로 하고
새로운 비전(꿈)이 내 앞에서 너울거린다

꿈은 출렁이는 바다
다 못 이룬 꿈을 향해 돛을 높이 올린다
풍랑 이는 바다는 깊고 침몰의 밤바다 같은
언제 날이 새고 잠잠할 것인가
이 생이 다 지나기 전에
지고한 꿈은 내 앞에서 춤만 추고 있을까
아니다 아니다 아니다
내가 믿는 그분은 나의 생전에
그 꿈을 이루어 주실 것이다

영원한 집에서

아침에 밝아오는 태양이 아름답고
석양에 지는 해도 찬란하고 아름답다

인생의 요람은 시작이어서 벅차고
인생의 무덤은 모든 수고가 끝나고
사모했던 집 영원한 집에 들어가

인생의 영원을 노래하며
영원한 집에 계신 그분을 뵈오니
벅차게 아름다운 경이로운 집이라

내세의 삶의 소리로

세상의 소리가 들린다
삶의 아우성 소리
권세의 알력 때문에 물고 먹는 소리
높낮이를 따지는 자리다툼 소리
빈부가 엇갈리는 발버둥치는 소리
슬픔과 기쁨이 엇갈리는 한숨과 웃음소리
많고 많은 세상의 소리가 있다

인생이 존재하는 날까지
세상의 소리는 넘칠 것이다
인생의 질고 많은 소리를 절제시켜서
내세의 삶의 소리로 외치게 하소서

그 나라에 임하게 하소서

굳은 마음을 기경해서
세상의 오염을 거두어 내고
곱게 다듬은
마음의 이랑에
뿌린 씨의 열매가
말씀이 되어
험악한 세상의
뭇인생들에게
달고 오묘한
생명수 강가에서 영원한
사랑의 노래가 있는
그 나라에
임하게 하소서

4

은혜와 감사의 기도

추수감사절
주님 지혜의 문을 열어주소서
새벽을 깨운다
감사하라
성탄절 찬양
인내를 주옵소서, 주님
깊은 산곡에서
비 오는 날 새벽
질서
생각
새해 동트는 아침
기다림에 익숙하려고
밝고 맑은 영혼의 문을 열면
거룩한 동산
손 높이 들고
나의 부르짖음
기도
새벽 하늘

추수감사절

가을은 생명의 성숙을 기다린다
바람이 들녘으로 달려온다
세월을 첩첩히 쌓아두고
움켜잡을 수 있다면 좋을 것을…
요람에서 지금에 이르기까지 함께 한 것이
쭉정이가 아니라 알곡이었다
가을이 볼을 붉히면서 매달려 있다

살면서 속내를 가끔 드러내놓으면 어떠랴
울퉁불퉁한 우리내 마음
어디서 매끈해질 수 있으랴?
열매는 떫고 서러운 시절을 견디며 익었다

가을이면 찾아드는 생명을 기다린다
가을은 열매를 익히고 정열로 나뭇잎들을 태운다

사는 것이 어설픈 일이 많았지만
그것이 충만한 시절!

가을의 풍성을 우리에게 주신
나는 고독한 위안을 마시며
긴 사연을 올릴 수 있는 가을

가을이 짙으면 추수감사절이 함께 한다

추수감사는 우리의 축복이다
가을은 생명의 성숙을 재촉하며
삶의 길을 성큼성큼 걸어간다
우리 함께 영원한 나라로…

주님 지혜의 문을 열어주소서

주님
사물의 판단이 흐려질 때
오셔서 지혜의 문을 열어주소서

억울해서 잠 못 이루는 밤에
나는 억울함을 용서할 힘이 없사오니
오셔서 사랑으로 인내할 수 있는 힘을 주소서

잘하는 일이 내 안에서 갇혀 있을 때
교만하지 않도록 다듬어 주소서

인생이 저지르는 일이 하도 많아서
자랑할게 도대체 없는데
자랑하고 싶은 얼떨떨한 생각을
주님 잠재워 주소서

내가 아무리 선악 간에 몸부림쳐도
주님이 간섭하지 않으시면
모든 게 허사요 짙은 회색의 그림자뿐이오니
가끔 주님의 길을 빗겨가는 중에도 모를 때는
긍휼히 여기사 채찍하여 주소서

주님께 맡긴다고 외치고 있지마는
그것이 진실이기를 원하나이다
그곳이 참된 길이기를 바라나이다

억울해도 빙긋이 웃을 때
주님께서 큰 상으로 채워주심을
저의 우둔한 것이 늦게 알고 일찍일찍 깨달아
주님의 형상 닮게 하소서

오~ 주님 이 모두가
감사의 조건이 되게 하소서

새벽을 깨운다

아직 온 누리가 조용한 시각이다
날 새기 직전 차창 밖엔 가로등 불빛만
얼른 얼른 지나며 반짝인다
세상의 숨들이 자고 있는 것이다
흰 눈이 불빛에 파르르하게 차겁다

몇 시간 후엔 숨들이 깨어서
요란하게 삶의 소리를 내면서
제각기 오가는 소요가 있는데
여기 조용한 기차 안에 사색의 보금자리를
감사하고 싶다 평안한 휴식의 공간…
우주 속에 한 모퉁이에 난 앉아 있구나
이른 아침 공기를 가르며
아주 자유롭게 나를 싣고 가는데
정지 상태가 없으면 참 좋겠다

나만의 공간이 새로움을 느끼면서
무한한 여유에 싱그럽다
지구를 한 바퀴 돌기도 한다
저 밝음이 오늘을 있게 하는
하늘 저 편의 새 날을 바라본다
당신이 만드신 우주의 한 모퉁이에
내가 안겨 있음을 만끽하나이다 님이시여…

감사하라

상황에 따라
감사의 조건 있다

같은 상황에서
물이 반 병 밖에 없네 하면서
부정하고 불평하며 신경을 곤두세우는 사람이 있다

같은 상황에서
물이 반 병이나 있네 하면서
만족하며 긍정적인 평화로운 사람도 있다

같은 조건에서
부정하고 불평하는 사람보다는
만족하며 긍정적인 사람이
가정을 밝게 하며 사회를 맑게 한다

사색하며 살아가는 훈련이 필요하다
우주를 바라보며 만물을 바라보며
지은이에게 감사하라
우리네 삶은 단 일각을 미리 볼 수 없는
인생이 아닌가…

성탄절 찬양

하얀 꿈을
대지에 뿌린다

하얀 소망을
하늘에 뿌린다

펑펑 쏟아지는 눈
거기
하얀 소식이 함께 오신다

흰 눈보다 더 눈부신
베들레헴 구유에 오신 주님

기쁘다 구주 오셨네
기쁘다 다 찬양하여라

온 맘과 뜻 다해 주님께 찬양을…
온 맘과 뜻 다해 하나님께 영광을…

인내를 주옵소서, 주님

밖에는 비가 옵니다
우산 받고 좀 빠른 걸음으로
산에 올랐는데

우산 속에 나는
인생의 숙제가 많습니다
말로는 너그럽게 말하는데
구름처럼 흘러가는 나그네 인생길에서
모든 염려를 주께 맡겨라 하면서

당면한 일에 대해서 너그럽지 못한
나는 졸장부 같이 주저앉으려 하네요
일각을 미리 몰라서 주님의 놀라우신 계획을

기다리는 인내, 견디기에 힘들어서
자꾸만 뒷걸음치려 하는 것을 아시는 주님
기다리는 인내를 주소서
인내를 주옵소서, 주님!!

깊은 산곡에서

깊은 산곡에서 지저귀는 새소리
자연의 소리 풀벌레 소리 산곡을 울린다
웅장한 오케스트라 연주 같구나
그리고 때로는 클래식 같기도 하고
고요한 성가 같기도 하구나

죄 많은 이 세상은 내 집 아니요
저 천국문 열고 나를 부르네
나는 이 세상에 정들 수 없도다
오 주님 같은 친구 없도다
저 천국 없으면 난 어떡하나
나는 성가를 메아리가 울리도록 불러 보았다

순수한 평화의 소리 고요에 머물고 싶어라
세상의 사는 소리를 잠시 외면하고
초야에 묻힌 선비와도 같이
자연의 소리 새소리에 푹 빠져 있는 것이다
온갖 시름이 떨어져 간다
내 영혼에게 들려오는 산뜻한 메신저다

이 수목원 가득한 풀 향기
이 놀라운 자연의 화음

지으신 이여, 위대하신 이여, 광대하신 이여
광활한 세계에 나를 서게 하신 분이시여
빛으로 비추신 오묘한 섭리
삼림의 고요 속에서 천지 지으신
창조주시여 그 형상 닮기를 원합니다

비 오는 날 새벽

비 오는 날 새벽
5월의 상큼한 향기는
조록조록 내리는 빗길에서 느끼네요
주 향기 찾아서 종종걸음을 재촉하면서
주님 뵈올 이 새벽에
내 영혼이 기뻐요

비 오는 날 새벽
차창엔 비에 부딪혀 빗방울이 구슬되어
도르륵 도르륵 구르고
주 음성 들으려고 주님전 향해서
주님 품에 안기는 이 새벽에
내 영혼은 찬양으로 기뻐요

비 오는 날 새벽
밖엔 비 오는 소리 사브작 사브작
처마 끝에 물 흐르는 소리
주님 좋으신 사랑에 사랑을 받으면서
주님 날개를 달고 우주에서 즐거워라
내 영혼의 비전이 주님의 세계에서 웃음 가득해요

질서

극단에 이르신 사람이 정신이 없다
정신없는 사람이 이기에 빠진다
질서가 무너지는 것이다
무너지긴 쉬우나 회복은 어렵고 긴 것이다
질서는 하나님의 선물이다

일반 은총과 특수 은총이 동일할 수 없으나
하나님께서는 친백성에게 더 기대하신다
질서 있는 개인의 가정의 나라가 원만하다
극단은 분내는 데서 있으니 분을 참는 도에 따라
질서가 정도로 성립된다

이 나라에 질서를 회복시켜 주시기를
주께 비옵니다 이 나라가 강국에 눌리지 않도록
그리스도인들에게 기도 영역을 넓혀 주소서
주님! 주님 안에서 회복되는 질서를 허락하소서

생각

생각이
잔잔하게 흐르는 강물처럼
출렁이는 바다 물결처럼
광풍에 노도 대작하는 성난 파도처럼
생각의 교차로가 위엄 수위를 넘는다
성난 파도처럼

생각이
봉오리 고개를 드는 것처럼
반쯤 열리는 꽃잎처럼
활짝 핀 아름다운 꽃잎처럼
태풍이 흔들리는 처절한 꽃처럼
생각의 교차로가 감당이 불감당이다
흔들리는 처절한 것 꽃처럼

생각이
씨를 심을 때는 곱고 순하다
싹트고 제 모습을 드러내는 순리는
열매를 맺기까지 애쓴다
폭풍의 홍수에 열매가 떠내려가는 것처럼
생각의 교차로가 떠밀린다
홍수에 떠밀리는 열매처럼

생각이
밤을 지새운다
통제의 수위를 넘어서
성난 파도처럼
태풍과 열풍에 비틀거리는 것처럼
홍수에 떠밀려서 지친 것처럼

난 한계의 수위에 차단되었으니
생각의 질서를 회복시켜 주시는 이여
잡아 주소서 생각의 외침을

새해 동트는 아침

새해의 동트는 아침
삶의 무게가 실려 온다
이 해는 새해가 휘청댄다
죄 많은 이 세상에
너무 욕심을 낸 까닭인가 보다

새해가 밝아 온 날
우주에서 본 아름다운 지구
그 아름다운 지구의 삶들이
막 깨지는 소리가 요란하다
어둠이 지구를 삼키는 것처럼
회색빛 전운이 감도는 소용돌이

새해 빛이 떠오르는 대지
정치 경제 학문 과학 예술 인간 지식이
바벨탑을 쌓고 쌓았으니
그 허물어질 날이 가까운 징조인가 보다
삼라만상을 지으신 이의 훈계
무섭도다 그날이여
손들고 왔나이다 모든 것의 주인이신 주님

기다림에 익숙하려고

난 기다림에 익숙하려고
육신의 몸부림을 주님께만 고합니다
지나온 세월이 길어서 앞날이 짧은 것입니다
그런데 지금도 줄다리기를 해야 하는
삶의 투정이 있나이다
기다림이 거의 절박해서일까요 주님!

난 기다림에 익숙하려고
영혼의 외침을 주님께만 고합니다
금생의 세월은 짧았어도
내세의 긴긴 날 기쁜 날이 있는 것입니다
거기 삶의 투정이 정녕 없으며
기다림이 없는 영원한 새날의 기쁨이 있음을
감사합니다 주님!

밝고 맑은 영혼의 문을 열면

사물을 볼 수 없는 사람이
사물을 볼 수 있는 사람보다
밝은 영혼의 문이 열렸으면
그의 영혼의 눈이 크고 드넓은 세계를
바라보는 기쁨이 샘솟는 것이다

말을 할 수 없는 들을 수 없는 사람이
말을 할 수 있는 들을 수 있는 사람보다
맑은 영혼의 문이 열렸으면
영혼의 노래를 소리 높이 부르며
그의 영혼의 귀가 세미한 음성을 듣는
기쁨이 샘솟는 것이다

세상의 아름다운 사물보다
더 찬란하고 웅장한 그곳을 바라보며
세상의 좋은 소리보다
더 아름다운 소리로 노래하며
천둥 같은 요란한 소리보다
더 세미하고 청아한 그곳 소리를 들으며

밝고 맑은 영혼의 문 열고
이 세상보다 찬란한 아름다운 그곳을

이생에서도 내세에서도 함께 누리는 축복이
우리에게 있음을 감사하나이다

거룩한 동산

겨울 산은 조용하다
멀리서 들려오는 새소리
앙상한 나무 사이로 들려오는 찬송이
새의 노래와 함께 화음을 이룬다

조용한 겨울 산
인적이 드문 이 동산에
앙상한 수목 사이로 들려오는 기도 소리
목 놓아 부르는 주님! 메아리쳐 울린다

거룩한 동산
무엇하러 이 동산에 올라왔을까
숨 막히는 삶을 토해 내려고
움추린 건강을 회복하려고
가족의 인가기도를 애원 하려구
이념으로 동강난 나라의 허리를
평화와 자유로 치유의 은총을 회복하려고

가만히 들어온(이단) 도둑 같은 자들에게
하나님 말씀이 왜곡되지 않기 위해서
자신의 미련한 인생의 나그네 길에서
천태만상으로 변화무쌍한 미궁에서

곧은 신앙의 절개를 지키려고
영육 간에 몸부림치며 생명을 드립니다

목 놓아 외치는 통곡의 절규를
역사의 주인 되시는 님이시여 기억하옵소서
열리는 하늘문을 내 영혼에 체휼하면서
오 주님! 감사와 찬송을 드리나이다

손 높이 들고

만남과 이별의 반복
바다는 민물로 파도와 물거품의 옷을 입고
바다는 썰물로 바다의 속살을 드러낸다
거기는 수없는 생명들이 꿈틀거리며
갯벌을 나름의 방식대로 누비고 산다
여기 만남과 이별의 반복이
세기 속에 영겁을 지나간다

만남과 이별의 반복
민물은 계절의 옷을 갈아입고
봄 여름 가을 겨울
저마다 다른 멜로디로 계절을 뽑낸다
하늘에 오로라의 파노라마가 있다면
대지 위에 펼쳐지는 생명의 파노라마는
세기 속에 장관을 연출하며 영겁을 자랑한다

만남과 이별의 반복
하나님의 형상을 닮은 자들과
하나님의 형상을 닮지 않은 자들이
형형색색의 위대한 삶을 창출하며
이들이 품고 있는 욕심이 과도해서
욕망의 쓸데없는 망상으로 삶을 휘청거리게 하고

난리와 난리가 지금 세계를 휩쓸고 있다

주님 을래강변 거기서 회계하던 선민이
오늘 당신의 형상을 닮은 나약한 인생들이
손 높이 들고 주님을 바라보나이다

나의 부르짖음

세상을 바라보시는 주님
잠잠하지 마옵소서
죄 많은 인생에게
사유의 은총을 주시고 살게 했건만

가진 자의 욕망이 바벨탑이 되어
하늘을 찌르려 하나이다
태초에 저지른 죄로 인한 아우성이
주님 오실 그때까지 진동할 것인데
도를 넘는 이방의 악행을 처리하시는
주님이시여
당신의 백성이 이곳에 있사온즉
손바닥만한 땅덩어리 동강난 허리
동해의 한 모퉁이 이 백성의 땅을
백주에 제 땅이라고 소리 높이는데

선하신 나의 님
이곳에 작은 당신의 백성들이
통한에 사무쳐 외치나이다
당신의 보좌를 움직이게 하소서
선민을 괴롭혔던 에돔 족속을 갚으신 님
애초에 저 독한 족속의 이웃을 갈바주소서

님이시여
그 족속이 이 땅 위에 잔악한 행위 그 과거를
낱낱이 아시는 주님이시여
일세기도 가기 전에 또 망언을 일삼고 있나이다
비 오니 이 땅을, 이 백성을 긍휼히 여기소서
우주와 천지의 주재이신 나의 님이시여
손 높이 들고 무릎으로 구하오니
고래스왕의 오른손 잡고
그 길을 평탄케 하신 여호와여
이 땅을 이 백성을 평탄케 하소서

기 도

주님! 어둠 속에서도 진리의 빛을
발견할 수 있는 영적 통찰력을 주소서
시험을 성숙의 도구로
감사의 이유로 받아들일 수 있는
믿음의 눈을 가지고
고난을 감당할 수 있게 하소서

겸손의 의미를 되새겨 봅니다
모든 사람을 대할 때
겸손으로 나가게 하소서
교만한 마음으로 무례히 행차 않게 하시고
겸손으로 나를 점검케 하소서

영적 싸움에서 하나님의 돌보심을
더욱 의지하기 원합니다
믿음을 굳게 하셔서
예수님의 이름으로 사탄을 대적하게 하시고
예수님의 이름으로 영적으로 육적으로
승리하게 하소서, 아멘

새벽 하늘

바람이 가르는 새벽 공기가
계절의 틈새를 지나가는 산뜻한 내음
창공에 눈을 드니 빛나는 별
그 빛이 영롱한데 너무 멀어도
내 영혼에 찬란하게 비추고 있네

어둠을 가르는 영롱한 빛이
새벽을 깨우는 고매한 자태
땅만 바라보는 인생들의 열심을
널 바라보는 지극한 날을 기다리며
새벽마다 그 자리에서 인내를 더하는
내 영혼에 안식을 더하는구나

온 천지가 고요한 새벽 하늘에
멀고 먼 그 우주에 떠서
새벽을 밝히는 줄기찬 힘은
내 영혼이 훨훨 날아서
네 빛을 타고 함께
아직 모를 우주 저편 세계를 나른다
아! 그분의 진정한 세계를

5
계절의 찬양

계절이 지나가는 길은
진달래 피어나는
오월의 수목원
목마르지 않는 생수
아카시아 필 무렵
목화
장마
자연의 숨소리
가을
질서의 회복이 이루어졌으면
갈대 섶다리
쪽빛 하늘
가을이 오면
무제
하늘보다 높은 곳에 띄우라
남산
대자연 숲의 질서

계절이 지나가는 길은

많은 것을 남기고 가려한다
못내 아쉬워서일까
하늘은 시간을 먹고 세월을 남기고
하늘은 계절을 먹고 가을을 낳으며
거기 다음 세대에 씨를 품고 있다

계절이 지나가는 곳엔 흔적을 남긴다
해로운 것도 있으나 이로운 것이 많은 것이다
하나님은 하늘 땅 바다를 만드시고
다스리는 주권을 인간에게 부여했는데
인간 스스로 저질러서
고통의 멍에를 뒤집어 쓴 것이다

그래서 계절이 지나가는 길목에는
그래서 풍우대작 하는 것이다
그래서 인생에게 희로애락이 있는 것이다
엄청난 준령태산을 넘고 넘는 것이다

인생의 믿음의 계절을 후대에게
영육 간에 씨앗으로 남겨져야 하는 것이다
노도대작 하는 인생 속에 빛이 있음을
감사하는 마음과 실체를 드리는 것이다

감사의 조건이 넘칠 때 풍요를 허락하신다
오셔서 인생을 긍휼히 여기시는
나의 주님이시여!

진달래 피어나는

진달래 붉은 입술에
봉오리진 기쁨의 내일
달빛에 아름다운 선녀의 미소

진달래 빨간 볼에
피어나는 오늘은
아침 햇살에 환한 웃음

진달래 흐드러진 아름다운 자태
만개의 입술과 볼에 활짝활짝
꿈의 오케스트라는 바람에 나부끼네

화창한 봄날이 짙어지는
찬란한 아름다움, 널 조성하신
님의 축복이 온 누리에 가득하도다

오월의 수목원

깊은 산 속 싱그러운 공기
짙은 풀내음이 아닌
스치는 바람 속에 아카시아 향기
어미새 새끼새 숲속에서 노래한다

깊은 산 속 청아한 그 소리
활기찬 내일을 위해
오늘도 활기차구나

오월의 애타는 나뭇잎들은
햇빛 머금고 바람에 나부낄 때
유난히도 반짝거린다
오월의 여왕이 되기 위한
찬란한 몸부림의 향연이다

무성한 신록이 하늘을 덮을 것이다
계절이 자연스럽게
제 몫을 감당하는데
만물의 영장인 인생 나는
지으신 그분 앞에 무엇이라 고할까?

목마르지 않는 생수

여름은 오고
여름은 왔다
녹음은 우거지고
새들은 신나게 노래하고
극렬한 햇볕은 쨍쨍 내려쪼인다

어디론가 가고 오는 사람들은
숨을 몰아쉬며 더위에 시달리는데
그것이 삶의 비탈길을 가야 하는
사람들은 모두가 목마른 것이다
여기 목마르지 않는 생수를 발견하는
사람은 지혜로운 삶이다

아카시아 필 무렵

뒷동산에 오라
아카시아 잎 한 줄기에
행운을 걸었다
가위바위보 맨 마지막
잎새 딴 아이는 늘 행운을 놓쳤다
한 줄을 먼저 딴 아이는 행운을 잡았다

그때 그 기쁨은
행운아의 먼 날을 기약하듯
그렇게 순수한 자연 속의 기쁨
그것이 아쉬운 것이다
현대문명 이기는 지금의 시대에
폭풍전야 같기만 하다

이 세기를 감당해야 할 후손에게
뭐라 얘기할까?
천지 지으신 그분은 그때나 이때나
여전하신데 죄 많은 인생들의
바벨탑을 언제 다 허물 것인가?

목화

가을 햇볕에 하얀 목화밭
터진 열매는 눈부시게 희어서
저마다 뽐내고 있다
드넓은 벌판을 온통 포근하게 덮고 있다
파란 하늘에는 유유히 구름이 흘러가고
산천은 잎들을 곱게 물들여서
병풍처럼 둘러 있고
산 깊은 곳에는 하늬바람에
메아리치는 들새 소리 재잘거린다

할머니 앞치마엔 목화솜이 가득 담겼다
내 미니 앞치마엔 조금 담겼다

나는 할머니 친구였으며
나는 할머니의 말썽쟁이였으며
나는 할머니의 천하 없는 공주였으며
나는 할머니의 보배였으며
나는 할머니의 넘치는 사랑 속에서
목화솜처럼 포근했다

그때는 너무 어린 유아시절
가끔 가는 할머니 집인데 그렇게 사랑한 까닭은

조건 없는 사랑이었다

지금 그 조건 없는 사랑에서
주님의 조건 없는 사랑을 배우는 것이다
주님의 조건 없는 사랑을 평생에 받는 것이다

장마

장마는 불청객이다
종일 종야 비를 내린다

장마는 심술이 많다 강약으로
폭포수 같이 비를 쏟아 내린다

장마는 제때에 꼭 찾아온다
부르도자 같이 밀고 쳐들어 온다

장마는 좌우를 분별치 않고 멋대로다
먹구름과 어둠을 몰고 와서
때로 인생의 목숨과 재산을 앗아간다

우리는 영적인 장마가 오지 않도록
근신하고 살며 서로 사랑하자

자연의 숨소리

신록이 우거진 산 속에 웃음이 있다
새소리 바람소리 중주가 되어 연주한다

외로운 바닷가에 광명이 있다
세찬 파도 소리는 운율이 있다

하늘의 구름 속에 나그네 노래가 있다
이 아름다운 자연의 숨소리 화음은 으뜸이다
만드신 그분께서 지휘자여라

가을

드높은 쪽빛 하늘 청아하다
제목 없는 그리움들을 구름이 몰고 온다
제목 없는 그리움들을 구름이 몰고 간다
인생의 요람에서
인생의 무덤까지
주어진 삶의 길에서 부끄럼이 없도록

가을
아득한 쪽빛 바다가 출렁인다
드넓은 바다 일엽편주에 몸을 싣고
망망대해로 두둥실 떠나간다
망망대해의 물결이 사납다
인생의 항로를 밀물이 몰고 온다
인생의 항로를 썰물이 몰고 간다
주어진 삶의 길에서 그분을 향해 부끄럽지 않도록

가을
아득한 우주에 별이 빛난다
드넓은 우주에 별들의 전쟁
넓고 넓은 우주에 은하의 블랙홀
넓고 넓은 우주에 태양의 블랙홀
그분만이 다스리는 천지의 조화

그분만이 주관하는 인생의 조화
주어진 삶의 거대한 인생이 그분의 손에 있다

질서의 회복이 이루어졌으면

계절이 지나가는 길목에는
더위가 몸부림친다
떠나기가 아쉬운 까닭이 아닌가보다
아직 열매들을 영글고 익히기 위해서
마지막 남은 열을 토하고 있는 것이다
계절이 그 책임을 다하기 위해서

만물의 영장인 인생들은
무엇을 위해서 몸부림치는 것인가
계절이 지나가며 책임을 다하듯이
인생이 지나가는 자국에서 책임을 다하면
세상은 요란하지 않을 것 같은데

자연은 지어준 이에게 순종을 지켜 가는데
인생은 지어준 이에게 순종치 않을까
세상을 이치대로 책임을 다하면
세상은 요란하지 않을 것을
우리를 만드신 그분에게 순종해서
질서의 회복이 이루어졌으면 싶다

갈대 섭다리

갈대가 바람에 나부끼는 섭다리를
나란히 걷고 싶은 친구가 있으면 좋겠다

섭다리 추억 속에 아름다운 옛날을 기억하면서
도란도란 얘기하고 싶은 친구가 있으면 좋겠다

시끄러운 세상을 도피하지 않으면서도
따뜻한 친구의 마음 때문에 심혼 저 너머에서
우리들의 생애가 아름다웠으면 좋겠다

그리고 너와 함께 영혼을 사모하는
마음이 똑같으면 더욱 좋겠다

쪽빛 하늘

쪽빛 하늘은 맑고 투명하다
유유한 구름은
많은 여유가 있어서 한가롭구나
그 사이를 샛바람이 스치니
사르르 사르르 떨어지는 낙엽은
천태만상으로 곱디곱구나

네가 고운 비결은 어디에 있느뇨
쪽빛 하늘 너머에서 하늘과 땅을
그분의 손 위에 얹어 놓으신
주인이 너와 나를 바라보고 계신단다
고요히 무릎 꿇어 하나님을 보나이다
하늘과 땅이 그분의 손 안에 있나이다

가을이 오면

가을이 오면 너도 와야 안 되나
나는 가끔 그런 생각에 소망이 넘친다
은하수를 타고 오던지
무지개를 타고 오던지 맘대로 하려무나

가을이 오면 다 못한 얘기를
나누어야 한다고 나는 마냥 들떠있구나
순서 없는 얘기가 될까봐
가지런히 맘으로 다듬는 순간이 두근거린다

가을이 오면 너는 언제고 내 곁에서
잎 떨어지는 창밖을 바라보면서
오 헨리의 마지막 잎새를 얘기해 주었잖니
그런데 넌 마지막 잎새가 되어
나에게 올 것을 굳게 믿는 것이다

가을이 오면 마지막 잎새를
띄우시는 분이 너와 날 연결하실 것이다

무제

말하기는 쉬우나
어려워서 실행이 어려운 것이다

생각하기는 쉬우나
주춤거리다 생각을 놓치는 것이다
짧은 시간은 길게 지나간다

어쩌다 창자가 끊어지는 듯 아픈 세월만큼
캄캄한 슬픔과 고통에서
실행이 어려워서 말을 되씹어 삼킨다

놓친 생각들을 주워 모아서
서로 사랑하는 인생의 과정으로
서로 사랑하는 인생의 종국으로
매듭지으면 좋겠다

하늘보다 높은 곳에 띄우라

땅보다 높고 높은 곳 하늘
오래 전 옛날부터 사람들은
하늘을 바라보며
마음 구석진 곳에 비밀을
풀기도 하며 담기도 한다

해 달 별에게 한많은 마음을 실어본다
해 달 별에게 주체할 수 없이 좋은 맘도 띄운다

땅에서 헤매다 다 못 이룬 나머지를
땅보다 위 하늘 선반에 올려놓아라
한숨 돌리고 그냥 지평선에 머뭇거린다

하늘에만 띄우지 말고
차라리 마음 구석진 곳에 비밀을
아예 하늘보다 높은 곳에 띄우라

남산

산의 지세가 퍽은 순조롭다
작은 산인데 저쪽에서 보면 큰 산이다
좁은 것 같은데 이쪽에서 보면 넓은 산이다

온갖 새가 지저귀는데 그 넘어 새소리가 아름답다
그 넘어 아름다운 새소리가 저 넘어 더 청아하다
얕은 것 같은데 올라보면 높고 근엄한 산이다

묘하고도 신기한 산 남산이구나
묘하고도 신기한 소나무가 청청구나
묘하고도 신기한 꽃들이 가득하구나

봄엔 봄꽃들이 손짓을 하고
희망찬 새소리 산곡을 울리고
여름엔 풋풋한 싱그러운 나무들이 그늘이 되고
가을엔 단풍이 절경을 이루는 명산이라
겨울엔 쭉쭉 뻗은 앙상한 가지에 내일이 있고

서울의 시민에게
대한민국의 백성에게
온 세계의 나그네에게
너무도 거대한 안식을 주는구나

인생의 온갖 시름은 네가 삼키고
인생의 온갖 즐거움을 표출하는 너여
이름도 아름다운 남산이어라
이름도 위대한 그분의 걸작품이어라

대자연 숲의 질서

대자연 숲은 신기하다
많은 사람의 마음을 안아 준다
많은 동식물의 삶의 근원이다
광활한 지구의 안식처 말없는 쉼터다

대자연 숲은 변함이 없다
많은 인생의 질고를 치유한다
많은 생태계의 근원의 집이다
아무 이유 없이 모든 생물들의 삶의 터전이다

대자연의 숲은 대가 없이 정직하게
없는 사람이든 있는 사람이든
피부가 검든지 황색이든지 희든지
차별 없이 환영하며 넉넉한 자비를 베풀어 준다

대자연 숲은 무언의 사랑으로 서로를 지켜간다
인생은 시기와 질투와 분노와 사악한 분쟁
종속간의 시비와 살인들 막무가내의 극단적인
인간들의 이기의 짓을 하지 말아야 할 것이다
대자연 숲의 교훈과 질서가
사람의 삶을 부끄럽게 한다

6

광야의 나그네

세상은 광야(廣野)다
나그네 길에서
빈 들
세상 탐욕을 버려라
숲속의 빈터
나눔
산 위의 사람들
겸손히 당당하라
산울림
사랑이여 내게 오라
갈등
인생은 나그네
함께 가는 세월의 길동무가
우리의 선조들께서는
나의 전부이신 주님
우리의 조국
밀물처럼 밀려오는
주여 이 나라를 긍휼이 여기소서

세상은 광야(廣野)다

세상은 광야다
서로 저울질하면서 살아간다
부모 형제 친지 나 너 서로 저울로 달아본다
그리고 이해를 따지며 사는 것이 습관이 되어서
인륜의 처세가 극에 달하고 있다
그래서 세상은 항상 시끌거린다

시끌거리는 세상은 인류가 세상에 존재하는 한
멎을 줄 모르고 아우성 치고 있는데
인간이 사는 날 동안은
희로애락이 비껴갈 수 없고
거듭되는 아우성을 잠재울 자는 아무도 없다

그렇게 삶의 전쟁은
과거와 현재와 미래로 수수 세기 동안
흘러갔고 흘러가며 흘러갈 것이다
이런 광야 같은 세상을 지켜주실 이는
세상을 만든 분이 책임져 주신단다
그의 품에 안기면 삶의 평화가 깃드는 것을

나그네 길에서

나그네 길은 고달픈 것이다
오늘은 이곳에서
내일은 저곳에서
그렇게 정처 없이 방황한다

나그네 길은 정함이 없는 것이다
지구는 자력이 있어서
공전과 자전을 한다
인생은 삶의 애착이라는 자력이 있어서
정들어서 놓지 못하는 것이 있다
내 것인 양 착각해서 아까운 것이 많다
그래도 놓아야 할 때가 오나니
일찍 깨닫는 연습도 알아두어야 한다
정도 아낌도 놓아야 할 때가 온다

잠깐 머무는 나그네 길에서
인생의 도(道)에서 넘치지 않도록
인생의 도에서 다른 이들에게 짐 되지 않도록
가진 것에 대해 나를 지으신 이의 뜻대로
육신의 장막을 떠나
영원한 집으로 이거할 때
청아하고 깨끗한 종국이 되고
전도의 문이 활짝 열리면 좋겠다

빈 들

인생은 빈 들이다
아무것도 가진 것이 없는
세상엔 내 것이 없는
공허한 빈 들에서 태어난다

인생은 빈 들이다
키가 자라고 생각이 자라고
내 것이 아닌 본질을 깨닫지 못하고
보이는 것마다 욕심이 넘치도록
내 것으로 움켜쥐기 시작한다

인생은 빈 들이다
하늘과 땅의 주인이 바라볼 때
말할 수 없는 탐욕은 그칠 줄을 모른다
분수를 온유하게 겸손하게 가꾸지 못하고
세상을 소유하고 싶은 욕구 때문에
가끔은 기 죽고 기 살고 제 맘대로
희로애락이 멋대로 춤을 춘다

인생은 빈 들이다
내 것이 아닌 것 가지고
맘대로 할 수 없는 것이다

주인은 빈 들에서
보리떡 다섯 개와 물고기 두 마리로
축사하시니 오천 명이 먹고
광주리로 열둘이 남았더라

인생은 여전히 빈 들에서 살고 있다
곱고 미덕 있는 인생의 빈 들에서
주인의 축사를 기다리는
지혜로운 나그네 길이면 좋겠다

세상 탐욕을 버려라

세상의 탐욕을 버려라
탐욕은 바닷물 마시는 것
먹으면 먹을수록 탐욕의
갈증은 채울 수 없이 심한 것이다

세계는 휘청거린다
가진 자는 없는 자의 등을
치지지 말아라
없는 자는 더 없는 자로 등을
치지지 말아라

가난해도 정을 나누며
서로 돕고 사랑하던
옛 정이 그리운 것이다

호롱불 밑에서 구멍난 양말을 기우며
삶은 고구마에 동치미 마시며
따스한 뜨락에 고드름 따먹고
화사하게 웃으며 마주보며
행복했던 순수한 시절이 그립구나

남을 나처럼 생각하며

깊은 친가의 정이 묻어나는
그러했던 이웃들이 그리운 것이다
세상을 만드신 분은 내 맘 아실 것이다
세상의 탐욕을 버리라

숲속의 빈터

숲속의 빈터
아무도 앉지 않는
그 빈터에 앉아서 광음을 센다
남들은 수고했다 하는데
내 마음은 세상에서 빈터다

그런데 멀리서 들리는 그 음성
가까이 가까이 다가와 속삭이는
너는 내 것이다, 너는 내꺼
네 마음 세상의 빈터에
나의 사랑으로 채워주마
서러워 말아라 아예

영존하시는 그분!
너의 수고는 내 안단다
너는 내 사랑하는 자로다
아! 감사하여라 자격 없는 나를
영원 속에 기억하여 주시는 님이시여!!

나눔

나눔의 계획이 있을 때
부푼 소망이 있다
나누는 긴 소망이 있을 때
푸근한 마음이 안정 된다

그런데
나눔의 계획이 무너질 때
캄캄한 미로에서 헤매인다
나누는 소망이 적막할 때
잃어버린 것처럼 허전한 것이다

나눔이 순서대로 회복되어야 한다
공동체이든 개인이든 나눔은 정이다
나눔은 사랑과 소망이다
서로를 바라보는 사랑의 메아리다

산 위의 사람들

산 위에 사람이 산다
물도 먹을 것도 없는
메마른 땅
거기서 하루 한 끼로 연명하면서
사람이 짐승처럼 살 수 없기에
질고와 고난이 많은 것을

아이들은 머리에서 발끝까지
부스럼투성이 눈뜨고 볼 수 없는
삶의 모습이 아닌
본토 사람들도 외면한
이 처절한 애석한 광경을

어쩌다 땅에 내려오면
짐승 보듯 외면하는
우째도 이런 일이 이곳에 있을까
주고 주고 또 주어도 아쉬운

우리 선교사님들께서
산 위에 여기저기 교회를 몇 개씩 세우고
고산족 거기 사람들을

영혼과 육신을 치유하며
복음을 전하는 울 선교사님들
아 대단한 일이여
난 한 달 남짓 단기선교 가서
난 놀라기만 하고 왔는데
남아서 평생을 선교하시는 선교사님들
하나님 저들을 축복하소서

겸손히 당당하라

항변할 수 없는 속수무책이다
언제 이 과정이 지나가고
원수가 친구로 변하나
긴 터널이 되지 말고
짧은 터널이었으면 좋겠다

삶의 외나무 다리에서
만날까 두렵다
공간은 투명하나 우리의 실체는 그대로다
민초들의 설음일랑 쏟아버리자
하늘에 시민권이 나에게 있으니
겸손이 당당할 것이다

산울림

나는 누구인가
맑은 새소리 들려오는 숲속에서
가을 바람소리
흐르는 물소리 조르륵 조르륵
나를 망각한 채
갈잎 떨어지는 비명에 마음을 채운다

빈 하늘 구름 사이 비추는 너는 누구
갈잎 떨어져 뒹구는 소리
사사그락 사사그락 사그락
물소리 조용히 조르륵
적막은 강과 산에 드리우고
너와 나는 그렇게 마음을 채운다

산은 널 품고 강은 날 품고
적막한 긴~ 세월은 가고 또 간다
기약 없는 세월은 어디에
허전한 허공에 난 널 띄운다
나는 누구인가 널 사랑하는 나
너는 누구인가 날 사랑하는 너
흘러간 세월도 확실하고
지금도 확실하고
내일도 분명하다

사랑이여 내게 오라

아름다운 꿈을 싣고 내게로
사랑의 징검다리 건너서 오라
아스라한 안개를 걷으며 오라

막차를 타기 전 그때에 오라
숨어서 천리길 바라보다가
뒤안길 서성이며 피안의 너울을
그림자로 남기지 말고
오라
사랑이여 내게로 오라

생명이 다하기 전에
사랑이여 와서 오래도록
친구가 되어 머물러 있으라

갈등

인간과 인간의 갈등
생각과 생각의 갈등
나와의 갈등은 거의 씨름 수준이다
엎치락 뒤치락 철나면서 하는 갈등이
오늘도 멎을 줄 모르는
끝이 보이지 않는 갈등은
내일도 계속되며 죽는 날까지 계속될 것인가

갈등은 마치 그림자처럼 따라 다닌다
갈등은 못된 친구의 잔소리 같을 때도 있다
갈등은 디딜방아처럼 쿵쿵 울리기도 한다
디딜방아는 힘의 고조에 따라 강약의 울림 있다
갈등도 강약이 분명한데 그 중에서
선한 갈등도 있는 것이다 그것은
산에서 산삼 찾는 것보다 더 어렵게 나타난다

속수무책인 갈등에서 벗어나고 싶다
자아의 의식 속에서 몰아내고 싶다
무아경지에 이르도록 애써 본다

인생은 나그네

고요히 아침의 문이 열린다
사람들의 넘나드는 소리로 시작이 된다
새들의 노랫소리도 들려온다
온 세상이 화들짝 움직이는 소리
이것이 살아서 숨쉬는 소리다
아우성치며 허덕이는데
과연 무엇을 얻으려고 외치면서
걸음을 재촉하는 것인가
빈손으로 왔다 빈손으로 가는 나그네라

고요히 해 저무는 날이 다가온다
아침과 저녁이 지나가는 동안
인생은 세월과 함께 가는 동반자이다
이것을 지어놓으신 그분과 동행하는 것이
마땅할 진대 내 것이 하나도 없는 세상에서
잠시 머무는 나그네의 욕심을 버리고
장래 일을 그분의 손에 맡기는 것이
가장 원만한 나그네 길인 것이다

함께 가는 세월의 길동무가

함께 가는 세월의 길동무가
연약해서 가는 세월이 앞당겨지면
무인도 같은 이 세상에서 지기를
어디서 찾을까 재촉하는 시각은 일을 만들고
참 애써도 미지의 여한이 남는구나

함께 가는 세월의 길동무가
앞서서 부지런히 가려고 하네
활화산 같은 세상에서 분별을 해야 하는데
아직 먼 것처럼 사념의 문턱을 넘지 못한 채
가득 쌓여지는 압박이 헝클어진 실타래 같구나

함께 가는 세월의 길동무가
나지막이 이야기 하는데 꼭 그날처럼
산 속에 흐르는 계곡의 물소리 같아라
속절없는 세상에서 구름 흘러가듯이
헝클어진 마음 타래를 외롭게 애쓰지 말고

함께 가는 세월의 길동무는
상천하지, 세월의 주인에게 간청하란다

우리의 선조들께서는

옛날 가난했어도 정 많은 이웃이 있었다
옛날 하루 끼니가 없어도 나눔이 있었다
서로 바라보는 눈이 정스럽고
헐벗고 추워도 서로 돕는 훈훈한 마음이 있었고
삭풍이 몰아치는 애달픈 삶 속에서도
내 것과 네 것의 구별없이 따뜻한 사랑으로
군자의 도를 지키었다

나라의 운명이 풍전등화(風前燈火) 같은
위기에도 재산과 몸을 아낌없이 드려서
목숨 걸고 죽음으로 이 땅을 지키었다

우리의 선조들은 후손을 지키었다
우리의 선조들은 이웃을 지키었다
우리의 선조들은 나라를 지키었다

지금 우리는 사리사욕과 이기를 위해서
정도 눈물도 희생도 없고

안하무인(眼下無人)이 되어서
형제도 이웃도 조국도 눈에 보이는 게 없이
막무가네로 사고뭉치로 살고 있는 세상이 된 것이다

인간이 삶의 원칙을 잃으면 본질을 무시하면
마소와 다를 게 없는 것이다

그보다 더 큰 이유는 세상을 창조하신
그분의 삶의 질서를 우리에게 주셨다
인간의 공존하는 본질을 가르쳐 주신 것이다
네 부모를 공경하라 네 이웃을 사랑하라
열방을 향하여는 평화하라고 하셨다

나의 전부이신 주님

하나님 아버지 감사하나이다
열망하며 기도하던 것이 이루어지고 있는데
놓아주기 안쓰럽고 정 묻어 있는 이곳
내 중년의 오반세기가 여기서
그런데 오늘은 결단의 날이 왔네요
어쩐다 어차피 인생은 유랑의 길
땅 위에는 내게 속한 것이
아무것도 없다고 말은 하면서
잠간 머무는 나그네의 길
한번 먹은 맘이 변동하기 어려운 나
이 변동의 시작은 대혁명이다
오랫동안 기도하며 기다렸는데
왜 가슴이 두근거리며 설레일까
나의 장래의 장막터도 인도하소서
주님 오늘 꼭 동행해 주소서
나의 전부이신 나의 주님!

우리의 조국

일어서라 동포여
한 마음으로
찢겨진 조국이 서럽거늘
죽으면 이념의 돌린 등 안고 가나
천지의 순례를 거부하지 말아라

형제의 이념 속에 병든 마음 치유가 깊은데
형제의 갈등 속에 차고 들어오는
이웃이 우리 땅을 산채로 먹으려 한다
약해진 틈새를 저들이 교묘하게 찾아서 덤빈다
정녕 이것이 아니다
정녕 이것은 아니다

동포여 일어서라
본래의 한 마음으로
뒤집어지는 세상에서 조국에게
질서를 찾아주소서 영원하신 나의 님이여
우주와 천지를 주관하시는 주님이시여
우리의 조국을 긍휼히 여겨주소서

밀물처럼 밀려오는

밀물처럼 밀려오는
서러운 마음이 밀려와서 고이는구나
아프고 시린 것이 몰려와서 마음을 찢는구나
삭풍이 불어대는 광야에서 작은 몸을
지탱하기 어려워서 쓰러지려 하는구나
때로는 세월의 열풍이 마음을 쓸어가는구나
구름아 너 흘러가는 곳에
내 아린 마음을 싣고 떠나거라

밀물처럼 밀려오는
크고 작은 삶의 현실을 직시한다
내일의 큰 뭉치도 가까이 다가오는 것이다
얼마 후엔 물리적인 오늘로 변신하는 것이다
그리고 깜빡하는 순간에 과거의 옷을 입고
훌훌 제 멋대로 좋은 것이든 나쁜 것이든
기고만장하는 것이든
역사 속으로 역사를 만들어 가는 것이다

밀물처럼 밀려오는
크고 작은 사건 속에 유한한 인간이
결국이 되지 못하는 한계를 절감하면서
사물에 대한 어이없는 인간의 몸짓은 계속된다

그리고 줄기차게 한 치의 양보도 없이
시각은 시간은 세월은 아랑곳없이 가는 것이다
어느 피조의 세계가 이것을 감당할 것인가

밀물처럼 밀려오는
셀 수 없는 크고 작은 역사의 통치를
이 엄청난 삶의 생사화복(生死禍福)을
썰물처럼 밀려가게 하는 이는 오직
세상의 조성자인 역사의 주인인 것이다

주여 이 나라를 긍휼이 여기소서

하나님 우리를 향하신
신실한 사람을 보여주시고
구원의 기쁨을 주신 주님

저 동토의 땅 북녘이
블레셋처럼 행하지 않도록
생명을 초개 같이 여기지 않도록
저 영혼들도 회개케 하소서

전 세계 유일한 남북의 갈림
연평도 총성이 웬말이며
생명의 희생이 웬말입니까
누구를 위한 총성이 오가는지
정녕 슬프도이다 주님

주님 밖에 해결할 권능이 없사오니
주여! 이 나라를 긍휼이 여기소서
주여! 긍휼이 여기소서

7

소망의 나라에 이르리라

하얀 마음을 주신 분께 감사하라
소망의 나라로 돌아가리라
소망의 빛
인생의 종국이 오면
영원한 손짓이 날 부른다
소망 중에 기다림
소망의 항구
하얀 꿈의 그리움
영혼의 노래
새날의 아침이 밝아오다
사랑하며 생각하며
우주보다 크신 사랑
들림받기를 다짐해 본다
우리를 긍휼히 여기소서
할머니
내 이름이 그분의 생명록에
천래의 기쁜 날

하얀 마음을 주신 분께 감사하라

친구야
이른 봄에 찾아올 듯해서
먼 하늘 구름을 자주 바라본단다
혜성 타고 급하게 오지마라
그냥 너 하던 대로
변함없는 수레 타고 오너라
좀 느려도 나 있는 곳에서 기다리마
그냥 하던 대로 할게
변함없는 그전처럼

친구야
내 말은 쉽게 한다마는
급한 것은 내 인듯 싶다
그냥 혜성 타고 곧 오라고 하고 싶네
기다림은 멀어서 그렇지
먼 하늘 구름 가는 것을 우리가 바라보다
너도 나도 지칠까봐 멈칫해지네

친구야
너 없는 시간들이 많이 지난 것이다
그밖에 것들은 수수 없이 변했는데
노적가리처럼 쌓이고 쌓인 정이

하나도 무너지지 않는 것은 무엇이냐
이른 봄에 찾아올 듯해서인가
무엇으로 오던지 어서어서 오너라
네가 오기까지
하얀 마음 주시는 분께 감사하련다

소망의 나라로 돌아가리라

아득한 옛날 거기
접동새 노래하는 마을이 그립구나
냇물은 햇빛에 반짝이며 졸졸 흐르고
강물은 햇빛에 반짝반짝 속내를 출렁인다
눈부신 백사장 위로 스치는 미풍은 가끔씩
아름드리 나무 잎을 살금살금 흔들며 간다

아득한 옛날 거기
종달새 지저귀는 소리가 그립구나
하늘에는 먹구름 드리우고
스산한 바람은 폭풍으로 휘몰아칠 것 같고
인생의 탐욕은 삶을 얼룩지게 하고
미움과 다툼이 반복되는 세상의 삶 깊숙이
거기에 닿지 말아야지 하는 마음이 외롭고
거기에 닿지 말아야지 하는 마음이 고독한 것이다

아득한 옛날 거기
백사장에 얼룩이 조금도 없고
인생의 탐욕도 부패도 시기도 분쟁도
미움도 원수도 외로움도 고독함도 전혀 없는
오직 그분이 태초로 지으신 그리운 하얀 나라로
소망의 아름다운 나라로 들어가고 싶어라

소망의 빛

반짝이는 반딧불 그리움으로 가득하고
우리는 주님과 더불어 걸어가리라
바위 틈새 개여울에
도시의 때 묻은 마음일랑 씻어보리라
밤하늘 바라보며 흘러가는 은하수에
쪽배를 띄우리라

사랑하는 이여 오라
사랑하는 이들이여 오라
주님 기다리시는 그곳
주님 기다리시는 이곳

사랑하는 이들이여
흘러간 옛사람일랑 띄워보내고
세마포 새옷으로 갈아입은 새사람으로

주님 보혈의 여울에 영혼을 담그자
주님 보혈의 여울에 영원한 화음을 이루자
주님 보혈의 여울에 소망의 빛이 출렁인다
주님 보혈의 여울에 구원의 쪽배를 띄워라
아, 영원하리라 메아리친다 울려 퍼져라

인생의 종국이 오면

가을이 오면 풍성한 잎들이 햇빛을 닮아간다
가을이 오면 춤추던 아름다운 잎들이 고향으로 간다
가을이 오면 모든 영근 곡식이 곳간으로 간다
가을이 오면 모든 익은 열매들이 책임을 마친다
가을은 결단과 종결을 서두른다

인생의 가을이 오면 무엇으로 책임을 다할까
인생의 가을이 오면
삶의 영근, 삶의 익은 책임을 완료할 수 있을까?
인생의 종국이 오면
믿음이 열매가 영글고 익어서
후회 없는 남들이 되어
주님 앞에 우리가 서야 할 것이다

영원한 손짓이 날 부른다

화려한 궁전은 아니었어도
정적이 숨어 있는 고요한 평화
쉴만한 초가라도 도란도란 이야기하며
민초들에게 안식이었음을
아는 이는 어디로 갔을까
긴 여운이 아쉬운 지금

찬란한 저택은 아니었어도
순박한 정이 사무치는
작은 언덕에 새들이 노래하는
작은 쉼터가 있었으면 안식이라
도랑물이 조르륵 조르륵 햇살에 은방울
고요한 그림자 드리우면 아늑하다

심신산골 계곡의 물소리보다
청아한 영원의 문이 열리는 날은
고요한 정적이 노래되어
우주 저편에 참 아름다운 고요한
영원한 손짓이 나를 부른다

소망 중에 기다림

함께 라는 것은 참 좋은 것이다
거기에는 늘 희로애락이 있다

그리고 동반의 길을 가는 것이다
사랑을 하며 흠집을 내며

잘 잘못을 말할 수 있는 것이
함께 가는 길이다 그런데

어떤 이유이든 우리 일상의 삶 속에는
원하든 원하지 아니 해도
감당키 어려운 작별의 예식이 있다

살던지 죽던지 다시 만날 수 있는 것은
긴 기다림이
지루하지 않기를 바랄 뿐이다
소망 중에 기다림인 것이다

소망의 항구

지나간 시간들은 버려진 것이 아니라
삶을 만들어 성숙한 자국이다
그 자국이 거울이 되어
오늘의 시간과 날들을 거듭하게 된다

다가올 시간들은 오늘의 창조의 삶이다
거기 인격의 너울을 쓰고 다듬어진다
인생의 긴 삶의 터널을 지날 때
고귀한 것만 뿌리가 될 수 없는 것이 유감이다

달고 쓴 삶의 순환이 겹쳐서 가는 것이다
모순된 인생이 자기 삶을 자기 삶을 간수하지 못할 때
우주와 삼라를 지으신 분은 전지전능하시기에
변함없는 신뢰와 확신 모순이 하나도 없으신
그분 앞에 조용히 무릎을 꿇어 엎드린다
삶의 출렁이는 파도가 조용히
소망의 항구로 인도하신다

하얀 꿈의 그리움

그립다 말할까 하니 그리워라
그리워라 끝없는 수평선 저기
반구의 저변에서 소리 들리는데

거치는 안개 사이로 얼른 보다가
어디론가 멀_리 그리고 가깝게 뭣이
꿈의 궁전을 헤매고 있는 나 어쩔 수 없이

그리워서 너 부르는 이름을 끌어안고
난 오래도록 여기 서성여야 되는 오늘
나는 네가 오지 못하는 강이 있는 것을

알면서도 서성이니 네가 오죽 애탈까
그래서 반구 저쪽에서 보일 듯 보일 듯
너의 모습 보려다 까치발하고 넘어질 듯

손짓하다 눈을 뜨면 널 볼 수 있었던 꿈의
궁전이어라 아! 애야 반갑고 그리운 널
하얀 꿈에서 볼 수 있는 천하의 기쁨이어라

영혼의 노래

영혼 깊은 곳에서 울려퍼지는 환희
닫혔던 심혼(心魂)의 문을 엽니다
행복의 언어를 수없이 담으며
고요한 마음에 수를 놓습니다

영혼의 깊은 곳에 영원한 사랑
허물어졌던 숭고한 정의 상아탑이
하나에서 수없이 끝을 모르게
고요히 어름다움으로 쌓여갑니다

영혼의 깊은 곳에 하나로 맺어지는 신뢰
어떠한 장애도 끊을 수 없는
초극한 심혼의 굳은 결심

고요한 평화의 행복이
고요한 신뢰의 사념이
고요한 사랑의 메아리 영원하리라
저 천국에 이르기까지~

새날의 아침이 밝아오다

산다는 것은 마치 곡예와 같다
높은 줄 위에서 막대 잡은 팔을 벌리고
발을 내딛는 걸음은
간장이 서늘하고 아찔거리는 순간마다 쪼이는 것이다
그 높은 줄 위에 오르기까지 셀 수 없는
단련이 있어야 한다
무한한 인내가 있어야 한다 하기 싫어도 해야 한다
경지에 이르기 위해서 반복되는 실패에서
터득이 얻어지기 때문이다

산다는 것은 반복이다
이상은 멀리 두고 현실에 발을 내딛는 것이 아니다
이상은 가까이 두고 아찔거리며 순간마다
숨가쁘게 따라가는 것이다
그 이상이 허무에서가 아니고 연단 후에
가능한 것으로 오늘을 승리할 수 있어야 한다
거기 노력 없는 성공이 없듯이 반드시
땀 흘리는 노력이 길잡이다
삶의 반복은 때로 지루하나 복된 날도 있는 것이다

삶의 복된 날은 내 힘만으로는 불가능한 것이다
인간은 모순과 부조리가 항상 꼬리표처럼 따라 다닌다

불완전한 인간은 실수가 있고
노력하다 엉뚱한 길로 빠진다
어린아이가 보모의 잡은 손 놓치면 방황하듯이
인간은 지존자의 손이 필요한 것이다
학식 지식 기술 예지…
실수가 가능한 인생은 자랑치 못한다

삶의 근본이 본질이 참 복된 날을 만드신
지존자에게 있다
천지가 없어져도 분명한 것은 변개할 수 없는 진리다
산다는 것이 언뜻 보기에는 일세기 안팎의 삶의 모습이
이런 저런 이유에서 같아 보이나 어리석은 것이다
정녕 그것이 아니라는 것이다
지존자의 잡은 손과 지존자를 잡지 못한 손은
상상을 초월하는 엄청난 차이가 엄청난
의미가 있는 것이다
삶의 본질을 거부하지 말고 그분의 손을 잡으소서
잡은 손 놓지 말고 꼭 잡고 가소서
새날의 아침이 밝아오기까지…

사랑하며 생각하며

긴 세월이다
사반세기가 훨 넘는 세월
주님 사역에 동참케 하신 것을
감사드립니다

다듬어서 쓰셨으니
내 종국에도
주님께 영광이 되게 하소서

우주보다 크신 사랑

우주보다 크신 이의 사랑
초야에 묻혀서
밤하늘 별을 바라보고 싶다
반딧불이 여운을 불러오고
풋풋한 풀내음이 추억을 불러오고
삶의 높낮이 속에 불필요를 썰물로 밀어
소슬바람이 삶의 향기로
밀물되어 필요조건을 가득 채워서 출렁인다
지금
나는 우주보다 크신 이의 영속의
사랑 속으로 달음질하는 것이다

들림받기를 다짐해 본다

가슴이 두근거린다
내일 일을 몰라도 영 모르는 오늘
권세가 무엇이며
가진 자가 무엇인가
있다가 없어지는 안개 같은 나그네 길
공수래 공수거 내 것이 땅 위에는
아무 것도 없는 것이다
허무하지 말아야지 다짐해 본다

가슴이 두근거린다
세상이라는 너울 속에
잠시 머물다 작별의 예식을
온 맘과 힘 다해 영원을 사모하는 마음
후대에게 소망을 심어 놓고
전능자의 환영을 영접 받으며
하얀 세마포 예복을 입고 영원한 나라로
들림받기를 다짐해 본다

우리를 긍휼히 여기소서

이 세상에는 내 것이 하나도 없다
그런데 내 것처럼 움켜쥐고
마음도 베풀지 못하고
물질도 베풀지 못하고
사랑도 베풀지 못하고
인색하다가 죽으면
너무 비참한 것이다

이 세상에는 내 것이 하나도 없다
무엇이나 임시로 주어진 것이다
생명까지도 임시로 주어진 것이다
삶의 필요조건도 임시로 주어진 것이다
사는 날 동안 크고 작게 조건 없이 주어진 것이다

세상에 내 것이 하나도 없다
우주와 세상과 너와 날 조성하신 분
그분의 것 가지고 베풀며 살기만 해도
그분께서는 기뻐하시는 것이다
후이 주시고 상 주시고
하나님
아들의 보혈을 주사 영생을 허락하신
님이시여! 우리는 주님의 것
우리를 긍휼히 여기소서

할머니

이쪽 뱃나루에 서서 사공을 부르면
저쪽에서 건너온 사공이
나룻배에 우리 일행을 태우고
시원하게 물보라를 가르며 달린다

동구 밖에 서서 우리를 기다리시던 할머니 보고
배에서 내리자 나는 팔 벌리고 뛰어가서
할머니 품에 쏙 안기면 그 가슴 따뜻한
할머니 향기로운 사랑이 내 몸에 스며든다
아이구 내 새끼 톡톡톡 어깨를 쓰다듬던
그 손길 그리워라

할머니 손잡고 팔딱팔딱 뛰면서
하늘 보고 땅 보고 재잘거리는 새소리 들으면서
저 멀리 밭에는 감자 고구마 메밀 목화…
내일의 열매를 위해 꽃을 피우며
바람에 나부끼며 하늘하늘 춤을 추네
어린 그때도 산천이 곱고 하늘에 구름이 좋았다

소나무 참나무 오솔길을 돌아서
저기 바로 우리 할머니 집 보이네
할머니 잡은 손 놓지 않고 뛰었다

나중에 알았는데 귀여운 손녀딸
잡은 손 뿌리치지 못하고 함께 뛴 할머니
숨이 차서 병나신 줄을 먼 훗날
어머니께 이야기 듣고 알았을 때는
내가 많이 커서 시집갈 때쯤이었다

할머니께서 내 옆에 안 계시고 하늘나라에
계실 때여서 난 그곳에 계신
할머니 따뜻한 마음의 손잡고 울었어라
지금 날 사랑하시는 그분도 그러하시리라

내 이름이 그분의 생명록에

낡은 수첩을 새 수첩으로 바꿔야 하는데
장수를 넘길 때마다 지워지는 이름
소식이 격조해도 지워지지 않는 이름
기억 속에 아스라이 희미한 이름
오랜만에 옮겨 놓은 이름을
물끄럼이 바라본다

철새처럼
왔다가 둥지를 떠나는 철새는 어디로…
마치 인생도 그러하리라
도약하다 지쳐서
비상할 수 없는 철새처럼, 그러나
저 하늘 높이 비상해야만 한다
삶의 목적이 잠깐 머무는 여기가 아니고
분명히 오래도록 머무는 거기이기 때문이다

나는 그분의 생명록에서 지워지지 않는
영원한 이름으로 남아 있고 싶다
내 이름이 그분의 생명록에
영원히 기록되고 싶은 것이다
아니 영원히 기록되어 남을 것이다

우리는 그분의 생명수첩에 반드시 지워지지 않는
이름으로 함께 기록되었으면 좋겠다

천래의 기쁜 날

나는
저만치 시간 속으로 가는데

세월은
새것이 되어
나의 앞길을 재촉한다

후일
잿빛 하늘이 거치고
영롱한 긴 날 속으로 비상할 것이다

거기
무궁한 나라로 그분과 동행하는
천래(天來)의 기쁜 날이여!

편집후기

　이 세상은 언제나 명예, 권력, 부귀로 난세가 되는 것이다. 그 옛날부터 오늘 다가오는 날에도 계속 되어지는 가면무도회장 같은 세상이다. 이런 가면무도회가 강행되는 현실, 다른 한편에서는 정직하고 신실한 삶을 추구하며 우리의 선조들께서는 가난한 삶을 살며 이웃사랑 나라사랑 하며 콩 한 조각을 나누는 정이 있었다.

　농부는 논두렁에서 비지땀을 흘리며, 어부는 어망을 메고 파도와 싸우며, 밤낮을 가리지 않고 총을 들고 피어린 땀을 흘리며 조국을 지키는 군인들이 있다.

　개인으로 보면 짧은 인생이지만 역사는 우리들에게 묻고 있다. 네가 성실했는가? 정직하게 참되게 살았는가? 진정 네 위치를 흔들림 없이 잘 지키었는가? 네 이웃을 사랑했는가? 우리의 삶을 돌아보게 한다.

　그런데 아무리 생각을 해봐도 시원찮은 저는 시집을 세상에 펼칠 만한 경험도 없는데 다만 수년에 걸쳐 하나님을 향한 뜨거운 실체를 아둔한 글로 표한 것을 시집으로 펴낼 수 있도록 길을 열어주신 하나님께 감사하오며 기도와 정성을 쏟으신 모든 지인들께 많이 고맙습니다.

　　우리가 살아도 주를 위하여 살고 죽어도 주를 위하여 죽나니
　　그러므로 우리가 사나 죽으나 주의 것이로다. (롬14:8)

　　　　　　　　　　　　　　　　　　　2016 가을

빛이시라 그분은

초판 1쇄 인쇄 | 2016년 10월 15일
초판 1쇄 발행 | 2016년 10월 20일

지은이 | 이용자
펴낸이 | 윤영희
주　간 | 김길형

펴낸곳 | 도서출판 **동행**
등록번호 | 제2-4991호

주소 | 서울시 중구 을지로 14길 16-11 (2층)
전화 | (02) 2285-0711, 2285-2734
팩스 | (02) 338-2722
이메일 | gongamsa@hanmail.net

ⓒ 2016. 이용자, Printed in Korea

값 10,000원

ISBN 979-11-5988-002-5　　03810

* 저자와의 상의하에 인지는 생략합니다.
* 파본 및 잘못된 책은 서점에서 교환해 드립니다.